ALBERT DE LASALLE

MÉMORIAL

DU

THÉATRE-LYRIQUE

Catalogue raisonné des

CENT QUATRE-VINGT-DEUX OPÉRAS

qui y ont été représentés

depuis sa fondation

jusqu'à l'incendie de sa salle de la place du Châtelet

AVEC DES NOTES

BIOGRAPHIQUES ET BIBLIOGRAPHIQUES

PARIS

LIBRAIRIE MODERNE, J. LECUIR et Cie

17, BOULEVARD MONTMARTRE, 17

1877

MÉMORIAL

2391

DU

THÉATRE-LYRIQUE

DU MÊME AUTEUR

~~~~~~~~~~~~~~

Histoire des Bouffes-Parisiens (Souvenirs, anecdotes, répertoire, statistique, etc.). — Librairie Nouvelle, 1860; in-32.

La Musique à Paris (Théâtres, Concerts, Institut, Conservatoire, littérature musicale, statistique, anecdotes, etc...). En collaboration avec M. E. Thoinan. — Morizot, 1863; in-18.

Meyerbeer (Sa biographie et le catalogue de ses œuvres). — Dentu, 1864; petit in-16.

L'Hôtel des Haricots, maison d'arrêt de la garde nationale (Histoire anecdotique avec 70 dessins par E. Morin, d'après les originaux de Ciceri, Decamps, Devéria, Daumier, Millet, Nanteuil, Traviès, Yvon, etc...). — Dentu, 1864; in-16.

Dictionnaire de la musique appliquée à l'amour (Édition Pompadour, avec un frontispice à la sanguine par E. Morin). — A. Lacroix, 1868; in-18.

La Musique pendant le siége de Paris (Édition elzevirienne). — E. Lachaud, 1872; in-18.

Les Treize salles de l'Opéra (Histoire anecdotique de l'Opéra à l'usage des gens du monde, depuis sa fondation en 1659, jusqu'à l'inauguration de sa salle du boulevard des Capucines). — Sartorius, 1875, in-18.

———————

Vingt-cinq exemplaires du Mémorial du Théâtre-Lyrique *ont été tirés sur papier de Hollande.*

ALBERT DE LASALLE

MÉMORIAL

DU

THÉATRE-LYRIQUE

Catalogue raisonné des

CENT QUATRE-VINGT-DEUX OPÉRAS

qui y ont été représentés

depuis sa fondation

jusqu'à l'incendie de sa salle de la place du Châtelet

AVEC DES NOTES

BIOGRAPHIQUES ET BIBLIOGRAPHIQUES

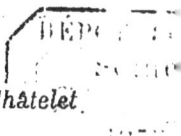

PARIS

LIBRAIRIE MODERNE, J. LECUIR ET Cie

17, BOULEVARD MONTMARTRE, 17

1877

MÉMORIAL

THÉATRE-LYRIQUE

Le Théâtre-Lyrique a été inauguré le lundi 15 novembre 1847, dans la salle du Cirque, au boulevard du Temple.

Ses directeurs, Adolphe Adam et Achille Mirecour, lui avaient donné le nom sonore d'Opéra-National.

Il affichait comme spectacle d'ouverture un prologue intitulé *les Premiers Pas* ou *les Deux Génies*, suivi de *Gastibelza*, drame lyrique en trois actes.

Les bailleurs de fonds de l'aventureux théâtre, gens d'une audace héroïque, et dont le nom doit appartenir à l'histoire, étaient M. Beudin, député, avec un apport de 300,000 fr.; M. Châle, agréé au Tribunal de Commerce, qui donnait 260,000 fr.; et M. Joseph Perrin, versant 30,000 fr. Ces 590,000 fr. joints à ce qu'Adolphe Adam prit sur ses économies, formèrent le capital de fondation du Théâtre-Lyrique.

Mais on se doute bien que les choses ne marchèrent point du train paisible dont nous menons notre récit, et que la création, à Paris, d'une troisième scène musicale dut être laborieuse sous le régime des priviléges de théâtre et du bon plaisir administratif.

Ce que l'on comprend plus difficilement, c'est qu'un ministre ait mieux aimé refuser longtemps un débouché nécessaire aux produits de l'art national que de laisser se ruiner quelques particuliers de bonne volonté. Sa résistance équivalait à cette déclaration que, certainement, il n'eût osé signer : « Périsse la jeune musique française dont je suis le protecteur officiel, plutôt que des intérêts privés dont je n'ai pas la garde ! »

Mais il en allait ainsi dans ces temps déjà fabuleux.

La lutte fut donc assez vive entre le ministère et les musiciens ; elle se prolongea durant plusieurs années par une série d'escarmouches.

En mai 1842, un premier mémoire est présenté à l'autorité supérieure, demandant pour le théâtre du Gymnase le droit de donner des opéras. La supplique, qui ne fut point exaucée, était signée : Ad. Adam, Halévy, Berlioz, Ambroise Thomas, etc.

Deux ans plus tard, nouvelle pétition rédigée par tous les prix de Rome alors militants. Même réponse.

Vers 1846, une autre combinaison fut proposée : Ad. Adam et Crosnier associés, prenaient le théâtre de la Porte Saint-Martin, et y donnaient pour commencer tous les chefs-d'œuvre du vieux répertoire, dédaignés par l'Opéra et l'Opéra-Comique. L'affaire resta encore sans suite.

Le ministère se défendait en opposant cet argument : que depuis 1807, date du décret qui réduisait à deux les théâtres de musique, toutes les tentatives faites pour sortir d'un cadre si étroit avaient échoué.

En effet, dès 1820, et par privilége spécial, on chantait au Gymnase : l'Epreuve villageoise, la Maison en loterie, etc... — à l'Odéon (1824-1829) : le Barbier de Séville, Othello, les Noces de Figaro, Don Juan, Robin des bois, etc... — aux Nouveautés de la place de la Bourse (1827-1831) : l'Italienne à Alger, le Coureur de Veuves, Caleb, etc... —

à la Renaissance-Ventadour (1838-1840) : *Lady Melvil, l'Eau merveilleuse, Lucie de Lammermoor*, etc...

Et il était vrai de dire que ces quatre théâtres avaient été obligés de renvoyer leurs violons. Mais les temps étaient autres, et le goût de la musique, en se propageant, assurait aux scènes lyriques une clientèle plus nombreuse.

M. Duchâtel, ministre de l'intérieur, finit donc par se résigner. Il octroya le bienheureux privilège à Adolphe Adam, auteur populaire du *Chalet* et de *Giselle*, ayant pour co-directeur Achille Mirecour, frère du pensionnaire du Théâtre-Français, comédien lui-même, et homme entendu aux affaires de théâtre ; il avait notamment donné des preuves de capacité, lors de la réorganisation de l'Odéon.

Cette petite guerre qui se termina par une capitulation, mériterait d'être racontée en détail et dans le style pince-sans-rire du *Lutrin*. Nous n'avons voulu qu'indiquer les phases principales qu'elle a traversées, et en gardant le ton placide qui convient à de courtes annales.

Ce qui est certain, c'est que, malgré sa fière attitude, le ministère devait succomber sous la pression du nombre. Il se trouvait serré de près par la foule toujours grossissante des prix de Rome. des lauréats du Conservatoire, des musiciens sans livret, des librettistes en quête d'un musicien, des chanteurs en retrait d'emploi, des *jeunes* de tous les âges, des impatients qui piaffent à la porte des théâtres, des inédits enfin, que l'appétit de la célébrité taquine et rend taquins.

Accorder le Théâtre-Lyrique à ces âmes en peine, c'était leur ouvrir la porte du purgatoire qui donne directement sur le paradis.

**

SALLE DU CIRQUE OLYMPIQUE

Le spectacle équestre, introduit en France par Astley, dans les premières années du règne de Louis XVI, puis bientôt perfectionné par Franconi, avait longtemps erré dans divers quartiers de Paris. Enfin, il s'était installé au boulevard du Temple, en un logis superbe et définitif, dont il avait pris possession le 3 mars 1827.

Cette salle était disponible au commencement de l'année 1847. Adolphe Adam et Mirecour l'achetèrent de M. Dejean pour la somme de 1,400,000 fr., bien qu'elle en eût coûté 1,700,000 à bâtir, et ils y mirent aussitôt les maçons et les décorateurs.

L'architecte Charpentier n'en garda guère que les quatre murs; et moyennant une dépense de 180,000 fr., il put, en quelques mois, l'approprier à sa nouvelle destination.

En effet, tout y était à refaire. Outre qu'elle laissait beaucoup à désirer sous le rapport de l'acoustique, elle présentait des dispositions générales qui ne pouvaient convenir à un théâtre de musique. Par exemple, la scène y communiquait par deux plans inclinés, avec une piste qui occupait la place du parterre et des fauteuils d'orchestre. Si bien que les chevaux descendaient du théâtre ou y remontaient, évoluaient en deçà ou au delà de la rampe, suivant les besoins de la pièce.

La salle du Cirque, devenue salle de l'Opéra-National, était meublée au rez-de-chaussée de fauteuils d'orchestre et de banquettes de parterre, le tout encadré par deux pourtours, et une rangée de quatorze baignoires de face.

Au premier étage se trouvait une galerie à deux rangs de siéges et quatorze loges découvertes à salon.

Le deuxième était presque tout en galerie, et on n'y trouvait plus que huit loges, quatre de chaque côté.

Au troisième, une galerie.

Au quatrième, un immense amphithéâtre.

Les loges d'avant-scène soutenues par des cariatides s'étageaient jusqu'à la hauteur de la troisième galerie.

Le plafond représentait des groupes allégoriques de la musique, de la poésie et de la danse, jetés dans un fouillis de fleurs et d'attributs divers.

Le foyer, convenablement orné, ne faisait qu'un avec le corridor des premières. Ses fenêtres donnaient sur le boulevard du Temple qui avait encore dans ce temps-là, et par tradition, l'aspect joyeux d'une foire ou d'une kermesse.

Notons encore que le plancher de la scène s'avançait notablement, et plus qu'il n'est d'usage, du côté du public, disposition favorable aux effets de la voix.

Il est vrai que la troupe chantante de l'Opéra-National était composée de plus d'accessits que de premiers prix du Conservatoire. Nous allons la voir bientôt à l'œuvre.

L'orchestre comptait 70 musiciens, conduits par MM. Georges Bousquet et Eugène Gautier; les chœurs, 54 exécutants, dirigés par M. Cornette, et le corps de ballet, 28 personnes obéissant à M. Lerouge.

Le directeur de la scène était M. Leroy; le régisseur général, M. Thieblemont; les deux autres régisseurs, MM. Fosse et Lecour; le secrétaire général, M. Lormier.

*
* *

Maintenant, si vous le voulez bien, nous sommes au 15 novembre 1847. Il est sept heures; l'ouverture commence.

Nous allons suivre pièce à pièce le répertoire du Théâtre-

Lyrique, en relevant sur les programmes officiels les titres des opéras, leurs dates, ainsi que les noms des auteurs et des interprètes. Cette partie positive de notre travail sera accompagnée de commentaires rédigés en toute liberté, et où, témoin oculaire et auriculaire, nous avons consigné les faits les plus divers qui se soient logés dans notre mémoire.

Nul plan préconçu. Tantôt nous nous arrêterons avec complaisance sur la distribution des rôles; tantôt, si la pièce est ancienne, nous en rechercherons les origines; ou bien nous esquisserons, pour mémoire, la biographie de ses auteurs; à moins que nous ne préférions noter quelque particularité de mise en scène, la bizarrerie d'un costume, l'étrangeté d'un accessoire, ou tout autre détail qui, malgré son intimité, peut avoir une valeur caractéristique. Car il nous faut tenir registre des plus petites choses si nous voulons bien servir le brave homme d'écrivain qui fera plus tard l'histoire de notre glorieux Théâtre-Lyrique.

Mais l'ambition que nous avons de concentrer en peu d'espace un grand nombre de faits doit nous inciter à sacrifier souvent toute recherche de style. Il faut donc qu'on nous passe les mots : *partition, livret, auteur, chanteur, representation, orchestre, acte, bis...* et tels autres du même vocabulaire, dont le retour d'ailleurs indispensable, sera plus fréquent que ne le permettrait une rhétorique sévère.

Ce n'est, à tout prendre, qu'un procès-verbal que nous avons voulu dresser, sans prétendre faire œuvre d'historien, de critique ou de littérateur.

Si même, en cheminant à travers cet inventaire, il nous échappait une phrase sentant le feuilleton, un adjectif trop voyant, un mot quelconque à prétention, le lecteur voudrait bien corriger ces erreurs de plume comme s'il collaborait avec nous à une édition expurgée.

*
* *

RÉPERTOIRE

1847

N. B. — Nous marquons du signe * les opéras empruntés par le Théâtre-Lyrique à d'autres scènes, françaises ou étrangères.

Les Premiers pas ou **les Deux Génies** : prologue en 1 acte ; paroles d'Alphonse Royer et Gustave Waëz ; musique d'Halévy, Carafa, Auber et Adolphe Adam. — 15 novembre.

La pièce qui a servi de préface au copieux répertoire du Théâtre-Lyrique était une sorte de plaidoyer tendant à prouver que l'opéra ne serait pas expatrié au boulevard « du Crime », et que le dilettantisme parisien saurait bien découvrir son adresse pour aller lui rendre visite. Ces conclusions ressortaient d'une joute oratoire à laquelle se livraient le Génie de la musique et celui du mélodrame. Malgré l'intervention de ces personnages surnaturels, l'action se passait « de nos jours » dans une mansarde d'artiste ; et pour plus d'actualité les auteurs, en divers endroits de leur dialogue, insistaient sur l'inauguration du chemin de fer de Paris à Tours , qui était en effet la grande merveille du moment. — La partition présentait une mosaïque de motifs fournis par plusieurs compositeurs, procédé déjà essayé sans trop de succès (la *Forêt de Sénart*, en 1826, à l'Odéon ; la *Marquise de Brinvilliers*, en 1831, à l'Opéra-Comique, etc.). Le public fit fête cependant, à la romance d'Halévy ; à l'air de baryton de Carafa ; à l'air de soprano d'Auber (composé de fragments de *Zanetta* et du *Duc d'Olonne*), ainsi qu'aux « couplets du titi » d'Adolphe Adam. Quant à l'ouverture, qui était aussi d'Adam, elle présentait cette particularité que les chœurs y prenaient part, cachés derrière le rideau ; artifice dont Meyerbeer se servit plus tard dans *le Pardon de Ploërmel*. — Interprètes : Cabel, baryton (beau-frère de la célèbre cantatrice), Legrand, ténor (actuellement deuxième régisseur de l'Opéra-Comique), Lebel (acteur de l'ancien Cirque), Dupuis et MM^{mes} Cara, Prety, Octave, Soudan.

Gastibelza : 3 a. ; Dennery et Cormon ; Aimé Maillart. — 15 novembre.

Aimé Maillart, que nous retrouverons au cours de ce travail, avait obtenu le prix de Rome en 1841 ; il est mort en 1870 après avoir donné une dizaine d'opéras au Théâtre-Lyrique et à l'Opéra-Comique (*Les Dragons de Villars, la Croix de Marie, Lara*, etc ..). Il débutait par *Gastibelza*, dont le livret, aux sombres couleurs de mélodrame, était la paraphrase de la ballade de Victor Hugo, mise en musique par Monpou. — Interprètes : Chenetz, Junca, Pauly, Delsarte jeune, MM^{mes} Cherie-Coureau et Helzet.— *Gastibelza* n'a été repris qu'une fois, en mai 1858.

* **Aline, reine de Golconde** : 3 a. ; Vial et Favières ; Berton. — 16 novembre.

Le conte si connu, de Boufflers, a été bien des fois mis à la scène lyrique ; il a inspiré tour à tour Uttini (à Stockholm, 1755) ; Monsigny (à l'Opéra de Paris, 1766) ; Schu'z (à Copenhague, 1789) ; Berton (à l'Opéra-Comique, 1803) ; Boieldieu (à Saint-Pétersbourg, 1808) ; Donizetti (à Gênes, 1828), etc... — L'*Aline* de Berton donnée au Théâtre-Lyrique était réorchestrée par Ad. Adam, qui avait aussi remplacé l'ouverture par celle de *Corisandre*, du même maître. — Le rôle d'Aline, triomphe de Mme Saint-Aubin, sous le Consulat, fut chanté au boulevard du Temple par Mme Petit-Brière. Les autres personnages de la pièce étaient représentés par Béraud, Fosse, Hunner, Mlle Bourdet ; enfin celui de Bahadar était confié à Joseph Kelm, qui, après avoir créé des rôles sérieux à la Renaissance (Gilbert dans *Lucie de Lammermoor*), devint plus tard le populaire « Sire de Framboisy » des Folies-Nouvelles.

* Une bonne fortune : 1 a. ; Fereol et Edouard ; Adolphe
  Adam. — 23 novembre.

Ce petit opéra-bouffon, joué par Joseph Kelm et MM^{mes} Gautier et Derly,
avait été donné à l'Opéra-Comique de la place de la Bourse, en janvier 1834,
quelques mois avant *le Chalet*.

* Félix, ou **l'Enfant trouvé** : 3 a. ; Sedaine ; Monsigny.
  — 22 décembre.

Félix, représenté pour la première fois le 10 novembre 1777 au château
de Fontainebleau, entra quelques jours plus tard dans le répertoire de la
Comédie-Italienne de la rue Monconseil. Ce fut le dernier opéra de Monsigny qui, pendant les quarante dernières années de sa vie, n'écrivit plus une
note de musique. L'auteur de *Rose et Colas*, du *Cadi dupé*, du *Déserteur*
avait été inspecteur des canaux et maître d'hôtel du duc d'Orléans (Phi-
lippe-*Égalité*) sous l'ancien régime. Il est mort en 1817 ; chevalier de la
Légion d'honneur, et membre de l'Institut. — C'est à la demande du roi
Louis-Philippe qu'Adolphe Adam avait réorchestré *Félix*. La première représentation devait en être donnée aux Tuileries ; mais la fête fut contre-
mandée par suite de la mort de madame Adélaïde. — Les rôles créés par
les célèbres acteurs Clairval, Trial et Laruette, furent chantés au Théâtre-
Lyrique par Lapierre, Leconte et Junca.

1848

* **Le Brasseur de Preston** : 3 a.; de Leuven et Brunswick ;
Adolphe Adam. — 22 janvier.

Cet opéra a toujours été considéré comme faisant la paire avec *le Postillon de Lonjumeau*; il est signé des mêmes auteurs, empreint du même esprit,
et s'il n'a pas obtenu un succès égal, c'est que dans les créations jumelles
des arts, comme dans celles de la nature, il y a toujours une victime. Le
Brasseur de Preston, représenté pour la première fois à l'Opéra-Comique en
1838, était repris au Théâtre-Lyrique avec Cabel et Mme Henri Potier dans
les rôles créés par Chollet et Mlle Prévost. L'acte du camp avait été agrémenté
d'un ballet de tambours lilliputiens, dansé par des enfants. Ce divertissement obtint beaucoup de succès devant un public qui avait couru aux exhi-
bitions du nain Tom-Pouce. Une seconde et dernière reprise du *Brasseur de
Preston* eut lieu vingt ans plus tard, à la salle de la place du Châtelet
(direction Pasdeloup), avec Meillet et Mlle Daram. Mais ni Mme Potier, ni
Mlle Daram ne renouvelèrent ce trait de gaîté de Mlle Prévost qui osa fumer
en scène une vraie pipe, bourrée de vrai tabac, et réellement allumée.

* **La Tête de Méduse** : 1 a. ; Vanderbuch et Deforges ;
Scard. — 30 janvier.

Opérette jouée deux ans auparavant sur le théâtre de Montmartre. Le compositeur Scard n'était connu que par de nombreuses romances et quelques
morceaux détachés de différents genres.

Les Barricades de 1848 : 1 a. et 2 tabl.; Brisebarre
et Saint-Yves; Pilati et Eugène Gautier. — 5 mars.

Ce titre seul d'un opéra improvisé, appris et joué en quelques jours, dit assez que de grands événements s'étaient accomplis dans l'ordre politique et social. Le Théâtre-Lyrique (plus Opéra-national que jamais) voulait lutter d'actualité avec les autres scènes parisiennes, qui toutes célébraient la révolution de février par des pièces de circonstance. Cependant il paraîtrait que la presse ne fut point conviée à la première représentation des *Barricades*, car les journaux de l'époque n'en donnent le compte rendu que sous forme de simple constatation. Mais Théodore Muret, dans son excellent ouvrage, *l'Histoire par le Théâtre*, est, par bonheur, plus explicite: «Un demeurant de la première révolution, dit-il, personnifiait 1789 ; son fils était un homme de 1830; et son petit-fils, gamin de la nouvelle génération, représentait le 24 février. Comme en 1830, l'élève de l'Ecole polytechnique avait là son rôle: gardes nationaux et ouvriers étaient à l'œuvre de concert ; les femmes faisaient de la charpie pour les blessés; un sergent de la ligne refusait de tirer sur le peuple ; et dans le second tableau le trône était brûlé, comme il le fut en effet sur la place de la Bastille. Mais au moins si dans ces quelques scènes la victoire populaire fut chantée, ce fut sans invectives brutales, comme on a le regret d'en trouver dans le répertoire de Juillet. » — Quant à la musique, elle nous est totalement inconnue. L'un de ses auteurs, M. Pilate, dit Pilati, a signé quantité d'opérettes jouées depuis quarante ans dans les petits théâtres, et aussi divers opéras du répertoire de la Renaissance-Ventadour, tels que *Olivier Basselin* (1838) et *le Naufrage de la Méduse* (1839), ce dernier en collaboration avec M. de Flotow. M. Eugène Gautier, son co-auteur pour les *Barricades*, avait obtenu le second prix de Rome en 1842; il a été assez fécond aussi. Aujourd'hui il est chargé du feuilleton musical au *Journal Officiel*, et du cours d'histoire de la musique au Conservatoire.

Ici prend fin la première période d'exploitation du Théâtre-Lyrique. Elle se solde par *huit* opéras, donnant *seize* actes, joués en *cent-douze* jours (exactement *un acte tous les sept jours*). Encore nous n'inscrivons pas au répertoire, parce qu'ils sont de trop minime importance, plusieurs intermèdes de chant ou de danse, tels que : *Une Chinoiserie, la Jardinière, Don Quichotte*, etc... véritables parades montées pour amuser l'entr'acte pendant la saison

du carnaval. — La situation financière du Théâtre-Lyrique avait été jusque
là prospère. (1,500 fr. de frais quotidiens, contre une recette moyenne de
1,800 fr.) Mais le mois de mars de 1848 ne fut que l'expiation de ce premier temps de fortune. Il fallut alors, et par tous les moyens, lutter contre
la faillite menaçante. On fit jouer aux chanteurs un drame sans musique
(*la Révolution*, deux actes de Labrousse et Mailhan); on entama des pourparlers avec le Vaudeville de la place de la Bourse pour la cession de sa salle ;
on modifia le régime administratif en appelant tout le personnel au par-
tage de la recette. Mais, hélas! on n'encaissait pas 300 fr. par soirée.
Aussi, après quelques jours de cette misère, les musiciens de l'orchestre
refusèrent tout service. On dut alors faire relâche... pendant près de quatre
ans.

—

Au moment de sa fermeture le Théâtre-Lyrique répétait : *les Monténégrins*
de M. Limnander, pour les premiers débuts de Mme Ugalde, et *les Deux Bam-
bins*, de M. Bordèse. L'une et l'autre de ces partitions ont été chantées depuis à l'Opéra-Comique. C'était encore pour un avenir prochain *La Fille du
soldat*, de Varin et Tariot; *le Prétendant et le Prétendu*, de Commerson et Pilati ;
enfin un acte d'un jeune violoncelliste nommé Offenbach, qui avait déjà
déclaré ses prétentions de compositeur dramatique en faisant jouer, au Théâtre de la Tour-d'Auvergne, un petit opéra-comique intitulé *l'Alcôve* (avril
1847). Cependant le sort capricieux décida qu'après avoir voulu faciliter à
M. Offenbach l'entrée de la carrière, Adolphe Adam terminerait la sienne
par *les Pantins de Violette*, représentés aux Bouffes-Parisiens, sous les aus-
pices du même M. Offenbach.

—

Note à prendre : dans l'année qui suivit le désastre du Théâtre-Lyrique,
Mme Petit-Brière, Joseph Kelm, Junca, Chenetz et autres naufragés se réfu-
gièrent sur le radeau du Théâtre-Beaumarchais qu'ils intitulèrent Opéra-
Bouffe-Français. Leurs représentations commencèrent, le 11 juin 1849, par
le Vieux Prix de Rome (musique de M. Henri Potier, fils du célèbre comédien), et *le Marin de la Garde* (de M. Eugène Gautier). Vinrent ensuite : *le*

Cousin de Denise (Pâris), et *la Saint-André* (Bazzoni). L'orchestre, composé de vingt-huit musiciens, était conduit par M. Pilati. Mais cette tentative désespérée n'eut pas de suite, et on ne peut l'enregistrer, croyons-nous, qu'en marge des annales du Théâtre-Lyrique.

SALLE DU THÉATRE-HISTORIQUE

Après trois ans et demi d'un état de léthargie qui pouvait entraîner la mort, le Théâtre-Lyrique retrouva vie et santé. Il avait clos ses exercices à la salle du Cirque, en mars 1848; il les reprit, en septembre 1851, à la salle du Théâtre-Historique.

Mais il conservait encore son titre primitif d'« Opéra national »; ce n'est en effet que le 12 avril de l'année suivante qu'il le changea contre celui de « Théâtre-Lyrique ». L'adjectif « national » n'était plus de mode en 1852; sans être par décret rayé du dictionnaire, il avait perdu en grande partie sa signification sous le nouveau gouvernement.

Le Théâtre-Historique, fondé par Alexandre Dumas, avait été inauguré le 22 février 1847.

Nous en devons la description au lecteur, surtout s'il est jeune et que ses souvenirs ne portent pas au-delà de l'année 1863, date de la démolition. Ce ne sera d'ailleurs pas abandonner notre sujet, puisque la salle de la *Reine Margot*, toute neuve lorsqu'elle fut livrée aux chanteurs de *Mosquita la Sorcière*, ne fit que changer de genre, sans subir d'autre modification matérielle.

Elle était enclavée dans ce groupe de théâtres que nous avons vus rangés en hémicycle sur le boulevard du Temple, et qui occupaient la place du rempart élevé par François Ier pour préserver Paris des attaques des Flamands.

Le terrain où a tant prospéré l'art dramatique, était encore en culture maraîchère du temps de la Régence. On ne commença à y élever des constructions qu'à partir du moment où le sieur Chavanne, procureur du roi, en eut fait l'acquisition pour le revendre par lots. Et comme il s'en était réservé une portion notable, il y avait fait lui-même bâtir une très-somptueuse maison pour son usage personnel.

Cet hôtel Chavanne, qui passa dans les mains de plusieurs propriétaires, a été connu jusque dans ces derniers temps sous le nom d'hôtel Foulon, pour avoir appartenu à Foulon de Morangis, ministre de Louis XVI, et l'une des premières victimes de la Révolution. C'est sur son terrain, déblayé en 1846, que l'architecte de Dreux, secondé par Sechan, décorateur, construisit le Théâtre-Historique, depuis Théâtre-Lyrique.

Pour mieux préciser, nous pouvons supposer un promeneur qui, sortant de la rue du Faubourg-du-Temple, se fût dirigé vers la Bastille en suivant le boulevard. Il eût d'abord passé devant le café Hainsselin, fondation datant d'un siècle et demi, et qui était toujours restée dans la même famille; ensuite devant une maison bourgeoise moderne et absolument quelconque; enfin il fût arrivé au perron du Théâtre-Historique.

En continuant sa route, il eût successivement rasé les portes du Cirque-Olympique, ou National, des Folies-Dramatiques, de la Gaîté, des Délassements-Comiques, des Funambules et du Petit-Lazari.

La façade du Théâtre-Historique avait cela d'original qu'elle était haute comme une maison de cinq étages, et qu'elle n'avait que huit mètres de largeur. Son rez-de-chaussée ne se composait que de la porte, laquelle était encadrée par deux cariatides de Klagmann, symbolisant la tragédie et la comédie.

Au-dessus se trouvait une loggia communiquant avec le foyer, et dont le fond, disposé en rotonde, était orné d'une fresque visible du dehors. Le peintre (M. Guichard, élève de Ingres) avait pris pour sujet une sorte d'Olympe où tous les dieux du théâtre étaient assemblés, depuis Sophocle jusqu'à Marivaux, sans oublier Shakspeare, Corneille, Molière, Mozart... Des deux côtés de la loggia, et pour terminer son balcon, se trouvaient deux groupes sculptés par Klagmann, représentant Hamlet et Ophélie d'une part, et de l'autre le Cid et Chimène.

La salle proprement dite était orientée de telle sorte que la rampe prolongée fût tombée perpendiculairement sur la chaussée du boulevard. On y entrait donc par le « côté-cour », comme on dit en style de coulisses; autrement, l'acteur en scène, et regardant le public, avait la figure tournée vers l'ouest.

L'ornementation générale était rouge et or, suivant la formule le plus communément adoptée, et qui est devenue banale. En revanche le plafond, peint par Despléchin, Diéterle et Sechan, était d'une magnificence rare; il avait pour motif principal Apollon, dieu des arts, conduisant son quadrige à travers un ciel inondé de lumière.

(Le lecteur curieux de plus de détails pourra consulter les gravures et le texte publiés par le journal l'*Illustration*, dans ses numéros du 26 décembre 1846 et des 23 et 30 janvier 1847.)

Mais la particularité la plus remarquable du théâtre construit par M. de Dreux était encore sa forme elliptique, avec la scène placée parallèlement au grand diamètre de l'ovale. Ainsi la salle, qui avait une largeur de vingt mètres, n'en comptait que seize en profondeur. Disposition heureuse en ce que la majeure partie des loges étaient de face. L'idée pourtant n'en était pas nouvelle, si elle était réalisée pour la première fois. Elle appartenait à un artiste du siècle dernier. (Voir « Projet d'une salle de spectacle pour la comédie, » par Cochin ; Paris, 1765 ; in-12, avec figures.)

Une autre singularité : le cartouche qui, ordinairement attaché au-dessus du rideau, renseigne le public sur la forme de son gouvernement, se trouvait remplacé par une horloge lui apprenant aussi utilement l'heure qu'il était.

Il y avait au Théâtre-Historique ou Lyrique cinq rangs de loges, de galeries et d'amphithéâtres. Les loges de premières étaient à salon.

Le foyer, grande pièce banale, était situé au second étage ; un papier rouge-brun, imitant le damas, recouvrait ses murs ; et il n'avait guère pour mobilier qu'un piano à queue sur lequel était placé le buste colossal de Weber. Les jours « de service », la critique tenait ses conciliabules dans le couloir des premières loges.

Enfin le Théâtre-Lyrique, comme les six autres théâtres voisins, avait sa porte des coulisses sur la rue des Fossés-du-Temple, dont la courbe suivait parallèlement celle du boulevard.

Prix des places du Théâtre-Lyrique au moment de son emménagement : Avant-scènes, 6 fr. ; premières loges, 5 fr. ; orchestre et première galerie, 4 fr. ; stalles d'orchestre, 3 fr. ; parterre, 1 fr. 50..., etc.

Et maintenant que nous avons décrit la cage, voyons ce qu'y chantaient les oiseaux.

1851

N. B. — Nous marquons du signe * les opéras empruntés par le Théâtre-Lyrique à d'autres scènes, françaises ou étrangères.

Mosquita la Sorcière : 3 a.; Scribe et G. Waëz; Xavier Boisselot. — 27 septembre.

M. Xavier Boisselot, élève et gendre de Lesueur, avait remporté le prix de Rome en 1836. Son premier opéra, donné en 1847 à la salle Favart, était intitulé : *Ne touchez pas à la Reine!* Après avoir inauguré le nouveau Théâtre-Lyrique avec *Mosquita* (jouée par le ténor Michel et Mlle Rouvroy), M. Boisselot renonça à la musique militante, et se retira à Marseille, où il se voua aux affaires commerciales. — L'action de la pièce se passait au Mexique, si l'on s'en fie aux costumes, mais plutôt dans ce pays romanesque inventé tout exprès par Scribe pour les exploits de ses brigands, et qu'on a appelé plaisamment *la Scribie.*

* Le Barbier de Séville : 4 a.; Castil-Blaze; Rossini. — 28 septembre.

Almaviva, Bieval (qui quelquefois prenait aussi le nom de Lourdet sur les affiches); *Figaro*, Meillet (pour ses débuts); *Bartholo*, Dumonthier; *Basile*, Prouvier; *Rosine*, Mlle Duez (élève de Mme Damoreau). — La version Castil-Blaze, avec dialogue parlé emprunté à Beaumarchais, date de la période lyrique de l'Odéon (1824-1829); le rôle d'Almaviva en fut chanté par Duprez, alors à ses débuts. Elle a été adoptée ensuite par tous les théâtres de Paris et de la province. Nous l'avons entendu chanter à l'Opéra le 9 décembre 1853 par Mme Bosio, *Rosine*; Chapuis, *Almaviva*; Morelli, *Figaro*; Marié, *Bartholo*; Obin, *Basile*. En juillet 1864, elle a servi encore à fêter sur la scène de la Porte-Saint-Martin la liberté des théâtres nouvelle-

2

ment décrétée (Capoul, *Almaviva*). — La comédie de Beaumarchais était prédestinée à devenir un opéra. Elle a été mise en musique par Paisiello (Saint-Pétersbourg, 1780) ; Benda (Hambourg, 1782) ; Schulz (Reinsberg, 1783) ; Nicolo Isouard (Malte, 1796) ; Rossini (Rome, 1816 ; Paris, 1819). Tout dernièrement aussi le maestro Dall' Argine a donné un *Barbiere di Siviglia* en Italie. On peut compter encore le ballet de *Figaro* ou *La Précaution inutile*, arrangé par Duport et Blache et dansé à l'Opéra en 1806.

Le Maître de Chapelle : 1 a.; Mme Sophie Gay ; Paër. — 28 septembre.

Chanté par Ribes et Mlle Guichard. — Paër, né à Parme en 1771, a joui d'une grande célébrité pendant la première moitié de ce siècle. Il a occupé les plus hauts emplois auxquels un musicien puisse prétendre : maître de musique de Marie-Louise, puis de la duchesse de Berri; directeur de la chapelle de Louis-Philippe, etc.. C'est lui qui, comme directeur du Théâtre-Italien de Paris, fit jouer pour la première fois en France *le Barbier* de Rossini. Il est mort en 1839 ; et de tout son bagage, il n'est resté que le *Maître de Chapelle*, écrit en collaboration avec Mme Sophie Gay (mère de la célèbre Mme de Girardin) et créé à Feydeau en 1821 ; encore n'en joue-t-on plus que le premier acte.

Les Rendez-vous Bourgeois : 1 a.; Hoffmann ; Nicolo Isouard. — 17 octobre.

Ce chef-d'œuvre des opéras-bouffes français fut joué pour la première fois à l'Opéra-Comique le 9 mai 1807. — Voici comment les rôles en étaient distribués au Théâtre-Lyrique : *Dugravier*, Grignon ; *Bertrand*, Neveu ; *César*, Fosse ; *Charles*, Menjaud (fils du sociétaire de la Comédie-Française et par conséquent neveu de Mgr Menjaud, évêque de Nantes) ; *Jasmin*, Ribes ; *Julie*, Mme Guichard ; *Louise*, Mlle Vallet ; *Reine*, Mlle Guillard. — Dans le même temps, l'Opéra-Comique donnait *les Rendez-vous Bourgeois* avec Ricquier, *Dugravier* ; Sainte-Foy, *Bertrand* ; Bussine, *César* ; Ponchard,

Charles ; Carvalho (futur directeur du Théâtre-Lyrique), *Jasmin* ; Mlle Le-
mercier, *Julie* ; Mlle Decroix, *Louise* ; Mlle Révilly, *Reine*.

* **Ma Tante Aurore** ou le **Roman impromptu** : 2 a.; Longchamps ; Boïeldieu. — 18 octobre.

La première représentation de *Ma Tante Aurore* est du 13 janvier 1803 ;
la pièce avait trois actes, dont les deux premiers obtinrent un succès éclatant. Quant au troisième, il dut être supprimé après avoir été violemment
sifflé. Mais on pourrait peut-être le rétablir aujourd'hui, devant un public
d'un atticisme moins chatouilleux ; car la cause principale du tumulte
était dans le travestissement de Martin en nourrice, plaisanterie que le parterre d'alors trouva d'un goût trop osé. — Cependant, de ce malencontreux
troisième acte est restée une romance longtemps célèbre pour cette particularité que sa mélodie n'emploie que trois notes. Jean-Jacques Rousseau
avait déjà essayé de résoudre le même problème (air : *Que le jour me dure;*
n° 53 du recueil intitulé *Consolations des misères de ma vie*). Mais il ne menait son motif qu'à la seizième mesure, tandis que celui de Boïeldieu en
compte trente-six. Cette romance de *Ma Tante Aurore* (dit Charles Maurice,
dans ses *Épaves*) « obtint une réussite inattendue parmi les Anglais que les
suites de la paix d'Amiens avaient attirés à Paris. » — Voir *Boïeldieu*, par
Arthur Pougin ; un vol. in-8, Charpentier, 1875.

Murdock le Bandit : 1 a.; de Leuven ; Eugène Gautier. — 23 octobre.

La scène en Irlande. — Début du ténor Dulaurens.

* **Maison à vendre** : 1 a. ; Alex. Duval; Dalayrac. — 9 novembre.

Première représentation à l'Opéra-Comique en 1800. Succès longtemps soutenu. — Deux ans plus tard la pièce, traduite en allemand, fut jouée à Munich avec de la musique de Maurer.

* **Ambroise** ou **Voilà ma journée** ! 1 a. ; Monvel ; Dalayrac. — 16 novembre.

L'auteur du livret n'est pas, comme on pourrait le croire, le célèbre comédien du Théâtre-Français, mais son fils Boutet de Monvel. — La première représentation d'*Ambroise* fut donnée à Feydeau, en 1792, date que la pièce dénoncerait au besoin par son style ampoulé, et sottement imité de Rousseau.

La Perle du Brésil : 3 a. ; Gabriel et Sylvain Saint-Étienne; Félicien David. — 22 novembre.

Le premier opéra de M. Félicien David. Cette fois l'auteur du *Désert*, en cherchant son inspiration dans les forêts de l'Amérique, n'avait fait que changer de paysage, mais sans perdre de vue le soleil des tropiques, toujours si propice à l'éclosion de ses mélodies. La *Perle du Brésil* (primitivement répétée à l'Opéra-Comique par Bataille, Audran et Mme Ugalde) fut chantée au Théâtre-Lyrique par Mlle Duez (*Zora*), Philippe (*Lorenz*), Bouché (*Salvador*), Junca (*un Brésilien*), Soyer (*Rio*), Mme Guichard (*la Comtesse*). Le succès fut très-grand et consolida le crédit artistique du nouveau théâtre. — F. David a repris depuis sa partition en sous-œuvre, et en a donné une édition où le dialogue parlé est remplacé par des récitatifs. La traduction italienne y suit parallèlement le texte français; elle a été faite par M. de Thémines-Lauzières, très-expert dans ces délicats travaux. — Voir *Félicien David, sa vie et son œuvre*, par Alexis Azevedo; gr. in-8°, avec portrait et autographes; Paris, 1863.

* **Les Travestissements** : 1 a. ; Paulin Deslandes; Albert Grisar. — 30 novembre.

Opérette à deux personnages créée à l'Opéra-Comique par Chollet et

Mlle Prevost, en 1839 ; reprise aux Folies-Nouvelles par Dupuis et Mlle Géraldine. — Livret imité de l'*Armoire* ou *la Pièce à deux actions*, opéra-comique de Panard joué à la foire en 1738. — Voir *Albert Grisar* par A. Pougin, in-18 avec portrait et autographes ; Paris, Hachette, 1870.

1852

La Butte des Moulins : 3 a. et 4 t.; Gabriel et Deforges; Adrien Boïeldieu. — 6 janvier.

La scène se passait sous le Consulat lors de la « conspiration de l'Épingle noire » ; et l'action qui se déroulait sur la butte Saint-Roch ou des Moulins avait pour dénouement l'explosion de la rue Saint-Nicaise. — M. Adrien Boïeldieu est le fils de l'auteur de *la Dame Blanche*.

Le Mariage en l'air : 1 a.; de Saint-Georges et Dupin; Eugène Déjazet. — 26 janvier.

Une arlequinade avec le Pierrot et le Cassandre obligés. — M. Eugène Déjazet a dirigé le petit théâtre du boulevard du Temple (ex-Folies-Nouvelles) auquel sa mère a laissé son nom. Comme compositeur il n'a eu d'autre succès populaire que la chanson du *Vin à quat' sous* qui se débitait par les rues, il y a quelque vingt-cinq ans.

*Le Pensionnat de Jeunes Demoiselles : 2 a.; Picard; Devienne. — 11 février.

Ce sont *les Visitandines* (de 1792) amendées et converties à une demi-

vertu. Le livret trop scabreux de Picard avait été retouché en 1825 par Vial,
à l'usage de l'Opéra-Comique ; il le fut encore la même année par Alber-
tin ; et cette dernière édition corrigée passa au répertoire de l'Odéon, sous
le titre de : *Les Français au Sérail.* — La partition contient les deux airs
populaires : *Qu'on est heureux de trouver en voyage...* et *Enfant chéri des
dames...* — *Les Visitandines* ont été reprises pour la dernière fois, et sous
leur vrai titre, en 1872, aux Folies-Bergère.

Les Fiançailles des Roses : 2 a. ; Jules Seveste et Ch. Deslys ; Villeblanche. — 21 février.

Légende hongroise mise en action par Jules Seveste, frère du directeur
du Théâtre-Lyrique, et Charles Deslys, romancier. — M. Villeblanche, auteur de la partition, est le deuxième du nom qui soit connu en musique ;
il y a eu au commencement de ce siècle un Villeblanche qui a fait représenter un opéra-comique en un acte intitulé *Le Nègre par amour* (1809).

La Poupée de Nuremberg : 1 a. ; de Leuven et Arthur de Beauplan ; Adolphe Adam. — 21 février.

Dans ses notes autobiographiques, Adam a raconté qu'il était assez gravement malade lorsque Edmond Seveste, directeur du Théâtre-Lyrique,
vint lui demander de mettre en musique un opéra-comique en un acte dont
il lui apportait le livret. « En huit jours de temps, dit-il, et sans quitter le
lit, j'écrivis ce petit ouvrage ; c'était *La Poupée de Nuremberg.* Je me levai le
huitième jour pour me le jouer au piano, j'étais guéri : le travail avait tué
la maladie. » (*Souvenirs d'un musicien,* 1er volume.)

* Joannita : 3 a. ; Ed. Duprez et Oppelt ; Gilbert Duprez. — 11 mars.

Cet opéra, composé par le célèbre ténor Duprez, sur un livret de couleur
mélodramatique, avait été représenté l'année précédente à Bruxelles, avec

le titre de l'*Abîme de la Maladetta*. Mlle Caroline Duprez y faisait ses débuts, et Poultier sa dernière rentrée devant le public parisien. — Duprez a donné depuis une *Jeanne d'Arc* en cinq actes, au Grand-Théâtre de la rue de Lyon (1865), et à l'Opéra-Comique, un petit acte intitulé la *Lettre au Bon Dieu*. — C'est au cours des représentations de *Joannita*, le 12 avril 1852, que l'Opéra-National prit le titre définitif de THÉATRE-LYRIQUE.

*La Pie voleuse : 3 a. et 4 t.; Caignez, Daubigny et Castil-Blaze; Rossini. — 23 avril.

Musique de la *Gazza ladra* appliquée par Castil-Blaze au drame si populaire de la Porte-Saint-Martin, et qui lui-même avait fourni l'idée du livret italien. Edition jouée à l'Odéon en 1824. — Voir : *Rossini, sa vie et ses œuvres*, par les frères Escudier; in-18, E. Dentu, 1854. *Rossini, sa vie et ses œuvres*, par A. Azevedo; gr. in-8°, avec trois portraits et des autographes; au Menestrel, 1864. — Interprètes au Théâtre-Lyrique : Dulaurens, Bouché, Ribes, Mlle Duez, etc...

Si j'étais roi! 3 a.; Dennery et Brésil; Adolphe Adam. — 4 septembre.

La scène se passe dans l'Inde. — Distribution : *Zéphoris*, Tallon; *le Roi*, P. Laurent; *Kadoor*, Junca; *Neméa*, Mme Colson; *Zelide*, Mlle Rouvroy. — Succès, et si grand que, malgré l'usage des théâtres de musique, il fallut jouer la pièce tous les jours. — La dernière reprise de *Si j'étais roi!* a été donnée en 1871 (quelques jours après l'armistice), au café-spectacle Tivoli, situé sur le boulevard de Clichy, en face le cimetière Montmartre.

Flore et Zéphire : 1 a.; de Leuven et Deslys; Eugène Gautier. — 2 octobre.

Opérette qui a eu un succès de gaîté assez prolongé. — Le livret présentait quelque ressemblance avec les *Vieux péchés*, vaudeville du répertoire de Bouffé.

Choisy-le-Roi : 1 a. ; de Leuven et Michel Carré ; Eugène Gautier. — 14 octobre.

L'action se déroulait au temps de Louis XV et de Mᵐᵉ de Pompadour. — C'est bien de l'histoire que nous écrivons, et plus ancienne qu'elle n'en a l'air ; car ne sont-ils pas loin ces jours de fête, où, à douze jours d'intervalle, et sur le même théâtre, un jeune musicien pouvait donner deux opéras de sa façon?

La Ferme de Kilmoor : 2 a. ; Ch. Deslys et E. Wœstyn ; Varney. — 27 octobre.

Le compositeur de cette paysannerie sentimentale a eu son heure de célébrité. C'est lui qui, en 1847, et pour le drame du *Chevalier de Maison-Rouge*, avait écrit la musique de ce chant des *Girondins* qui devint la *Marseillaise* de la révolution de Février. Le refrain, cependant, en était emprunté aux couplets du *Vengeur*, une fière chanson de guerre insérée dans l'album des morceaux détachés de Rouget de Lisle. On pourrait même, remontant plus haut dans l'histoire, en trouver le premier germe poétique et mélodique dans un chœur du *Guillaume Tell* de Grétry, chanté, en 1791, à l'Opéra-Comique. Mais le corps du couplet des *Girondins* est de M. Varney. — Voir notre livre intitulé *La Musique pendant le siége de Paris* ; un vol. in-18 ; E. Lachaud, 1872.

* **Le Postillon de Lonjumeau** : 3 a. ; de Leuven et Brunswick ; Adolphe Adam. — 3 novembre.

Chollet reprenait son rôle de Chapelou qui, en 1836, et après *Fra Diavolo* et *Zampa*, marqua une des plus belles étapes de sa carrière à l'Opéra Comique. Mᵐᵉ Guichard jouait *Madeleine* ; Grignon, *Biju* ; Leroy, *le Marquis*. — Le livret du *Postillon de Lonjumeau*, traduit en italien, a tenté les maestri Coppola et Speranza qui l'ont successivement mis en musique, et fait jouer dans leur pays.

* Les Deux Voleurs : 1 a. ; de Leuven et Brunswick ; Girard. — 8 novembre.

Girard a laissé de plus durables souvenirs comme chef d'orchestre que comme auteur de ce petit lever-de-rideau (exécuté à l'Opéra-Comique en 1841). Il est mort subitement sur son pupitre, à l'Opéra, pendant qu'il conduisait une représentation des *Huguenots*.

Guillery le Trompette : 2 a. ; de Leuven et Arthur de Beauplan ; Sarmiento. — 8 décembre.

La scène en Espagne au XVIIe siècle, pendant l'expédition du duc de Vendôme. — Le maestro Sarmiento, Sicilien, d'origine espagnole, était élève de Donizetti. Il s'est retiré à Naples, où il est devenu maître de chapelle.

Tabarin : 2 a. ; Alboize ; Georges Bousquet. — 22 décembre.

Les deux principaux rôles étaient remplis par le baryton P. Laurent (*Tabarin*) et Mme Colson (*Francesquine*). — La pièce, qui n'en fut peut-être pas meilleure pour cela, devait toucher de près la vérité historique, son auteur ayant publié des travaux d'érudition sur le célèbre bouffon du Pont-Neuf. — Georges Bousquet, prix de Rome de 1838, était alors chef d'orchestre du Théâtre-Lyrique. Tout son bagage de compositeur dramatique se réduisait à l'*Hôtesse de Lyon*, un acte représenté en 1844 dans la salle du Conservatoire. Il a rédigé pendant plusieurs années le feuilleton musical de l'*Illustration*.

1853

* **Le Roi d'Yvetot** : 3 a. ; de Leuven et Brunswick ; Adolphe
    Adam. — 5 janvier.

Chollet reprenait le rôle créé par lui à l'Opéra-Comique en 1842.

Le Lutin de la Vallée : 2 a. 3 t. ; Alboize et Michel
    Carré ; Eugène Gautier. — 22 janvier.

C'était à proprement parler un opéra-ballet, car la danse y tenait une
large place. Mme Guy-Stephan y obtint un brillant succès avec ses pas
espagnols. On y applaudissait aussi Saint-Léon pour son triple talent de
danseur, de chorégraphe et de violoniste. Le parterre se pâmait surtout à
l'exécution de son morceau intitulé : « Une Matinée à la campagne, » et qui
était la reproduction de tous les bruits de la basse-cour. Quant à la partie
chantée, elle était confiée à Bieval, à Mme Petit-Brière et aux choristes.

Les Amours du Diable : 4 a. 9 t. ; de Saint-Georges ;
    Albert Grisar. — 11 mars.

M. de Saint-Georges avait remanié et traité dans une autre forme le sujet
de son ballet du *Diable amoureux*, dansé à l'Opéra en 1840. *Frederick*,
Taillon ; *Belzébuth*, Coulon ; *Urielle*, Mme Colson. — *Les Amours du Diable*
ont été repris à l'Opéra-Comique en 1863, avec Mme Galli-Marié et Capoul ;
puis en novembre 1874 avec Mlle Reboux et Nicot, à l'éphémère « Opéra-
Populaire », qui venait de se créer dans la salle du Châtelet. — Voir
Albert Grisar, par Arthur Pougin ; in-18, Hachette, 1870.

Le Roi des Halles : 3 a. 4 t. ; de Leuven et Brunswick ;
    Adolphe Adam. — 11 avril.

La scène se passait au temps de la Fronde, comme le titre le dit assez aux personnes qui ont lu l'histoire. D'ailleurs et pour plus d'éclaircissement, l'affiche annonçait un ballet intitulé « la Frondetta. » — Chollet représentait le duc de Beaufort, autrement « le Roi des Halles »; ce fut sa dernière création.

Colin-Maillard : 1 a. ; Michel Carré et Jules Verne ; Aristide Hignard. — 28 avril.

Action du temps de Louis XV. Interprètes : Cabel, Grignon, Mlle Larcena. M. Hignard, que nous retrouverons au cours de ce travail, est aussi l'auteur d'un opéra d'*Hamlet*, non joué, mais édité, et qui présente cette particularité que le dialogue parlé y est accompagné symphoniquement par l'orchestre. Le procédé est nouveau en tant qu'appliqué sans solution de continuité, et il mériterait d'être essayé au théâtre.

L'Organiste dans l'embarras : 1 a. ; Alboize ; Wekerlin. — 17 mai.

Ce petit opéra, chanté par Grignon, Carré, Leroy et Mlle Larcena, s'est maintenu longtemps au répertoire. M. Wekerlin, élève d'Halévy, a beaucoup écrit de musique dans tous les genres. Il a fait notamment entendre de grandes odes-symphonies, telles que l'*Inde* et les *Poèmes de la mer*. On lui doit aussi la réédition de quantité de chansons du temps jadis, travail d'archéologue et de curieux, où il a mis en œuvre les connaissances spéciales qu'il possède dans la matière. Il occupe actuellement l'emploi de bibliothécaire au Conservatoire.

Le Présent et l'Avenir : 1 a. et 3 t. ; divers auteurs. — 28 mai.

Trois jours avant les vacances, on représenta cet intermède, ou plutôt cet « épilogue », comme disait l'affiche. Le livret ne faisait que fournir aux chanteurs un prétexte pour débiter comme dans un concert divers morceaux empruntés au répertoire. Il existe d'autres pots-pourris de cette sorte, on peut citer l'*Opéra à la Cour*, de Grisar et de M. Adrien Boïeldieu, que l'Opéra-Comique joua en 1840, à l'occasion de sa reprise de possession de la salle Favart.

La Princesse de Trébizonde : 1 a. et 2 t.; divers auteurs. — 3 septembre.

La saison théâtrale s'était terminée par un épilogue; il allait de soi qu'a-près les vacances, la nouvelle campagne s'ouvrirait par un « prologue » qui ferait passer devant la rampe tout le personnel du chant et de la danse. Telle fut cette *Princesse de Trébizonde* qui n'eut guère que l'importance d'une parade.

La Moissonneuse : 4 a. et 5 t.; Anicet Bourgeois et Michel Masson; Adolphe Vogel. — 3 septembre.

Un mélodrame à la mode du boulevard, et qui mettait en action un cha-pitre de la vie du mystérieux aventurier Cagliostro. A un moment donné, les personnages se groupaient de façon à reproduire l'aspect du tableau des « Moissonneurs » de Léopold Robert. — M. Adolphe Vogel, petit-fils du cé-lèbre auteur de *Démophon*, a obtenu, en 1830, un succès populaire avec son hymne *les Trois Couleurs*, qui balança un instant la vogue de *la Parisienne*.

Bonsoir Voisin! 1 a.; Arthur de Beauplan; F. Poise. — 18 septembre.

Saynète à deux personnages, jouée par Meillet et sa femme. — Reprises aux Fantaisies-Parisiennes du boulevard des Italiens et à l'Opéra-Comique.

Le Bijou perdu : 3 a.; de Leuven et Deforges; Ad. Adam.— 6 octobre.

Début de Mme Cabel, cantatrice belge, dont les brillantes qualités de vo-

caliste trouvèrent leur emploi dans un rôle écrit pour elle. Les couplets des
« Fraises », qu'elle disait avec tant de gaillardise, étaient une paraphrase
du vieil air : *Marie, trempe ton pain*...; ils n'en eurent que plus d'écho à
tous les carrefours ; et on peut les classer aujourd'hui dans le musée de la
chanson française. — Les autres rôles chantés par Meillet, Sujol, Leroy...
— Reprise à l'Athénée, de la rue Scribe, avec la jolie Mlle Singelée.

*Le Diable à Quatre : 3 a.; Sedaine et Creusé de Lesser ;
  Solié. — 15 octobre.

Le sujet est emprunté au théâtre anglais. La pièce originale, traduite une
première fois vers 1750, par Patu, fut arrangée en 1756 par Sedaine, pour
l'Opéra-Comique de la foire Saint-Laurent; Philidor en écrivit la partition.
Repris et retouché par Creusé de Lesser, le livret de Sedaine fut remis en
musique par l'acteur-compositeur Solié, et représenté à l'Opéra-Comique
en 1809. C'est cette édition qui a été adoptée par le Théâtre-Lyrique. —
Début de Mlle Girard. — Ad. Adam a fait représenter, en 1845, à l'Opéra,
le ballet du *Diable à quatre*. — Portogallo avait écrit, sur le même sujet, *la
Bacchetta portentosa*, qui fut chantée à Paris, en 1806.

Le Danseur du roi : 2 a. et 3 t.; Alboize et Saint-Léon:
  Eugène Gautier. — 22 octobre.

Début de Mlle Nathalie Fitz-James, qui fit merveille dans le « Pas du
Moustique».Saint-Léon, qui avait réglé les danses de cet opéra-ballet, remplissait le rôle de Cramoisi, danseur et violoniste ordinaire du roi Louis XIII.

Georgette ou **le Moulin de Fontenoy** : 1 a.; Waëz;
  Gévaërt. — 28 novembre.

Premier essai dramatique de M. Gevaërt, qui, depuis, a parcouru une
grande partie de sa carrière à Paris *(Quentin Durward. le Capitaine Hen-
riot*, etc...), et est allé la terminer à Bruxelles, où il occupe actuellement
le poste de directeur du Conservatoire.

Elisabeth : 3 a.; de Leuven et Brunswick ; Donizetti. — 31 décembre.

Sujet tiré du roman si connu de Mme Cottin. La partition écrite à Paris par Donizetti, en 1841, fut d'abord répétée à l'Opéra-Comique, puis retirée par suite du non réengagement de Mlle Eugénie Garcia. Retouchée et terminée par le maestro Fontana, elle ne vit le jour que douze ans plus tard, au Théâtre-Lyrique. — Interprètes : Laurent, Junca, Mmes Colson et Petit-Brière.

1854

Les Etoiles : 1 a. et 2 t.; Clairville et Barrez; Pilati. — 6 février.

Opéra-ballet. La scène se passait dans le harem du Schah de Perse. — *Phosphoriel*, Chapuy ; *l'Etoile*, Mlle Lucile Lemonnier.

La Fille invisible : 3 a. et 4 t.; de Saint-Georges et Dupin; Adrien Boïeldieu. — 24 février.

Un de ces contes bleu pâle, empreints d'un sentimentalisme innocent et dont on est convenu de faire passer l'action du mauvais côté du Rhin pour la rendre relativement, c'est-à-dire théâtralement croyable. Mme Meillet n'en déploya pas moins tout son talent en chantant l'agréable musique de M. Boïeldieu fils.

La Promise : 3 a.; de Leuven et Brunswick ; Clapisson. 16 mars.

La scène en Provence, au temps du premier empire. — Deuxième création de Mme Cabel.

*Le Panier fleuri: 1 a.; de Leuven et Brunswick; Ambroise Thomas. — 26 mars.

Le futur auteur du *Caïd* et d'*Hamlet* était tout frais émoulu de l'école de Rome lorsqu'il donna ce petit acte en 1839, à l'Opéra-Comique. Il n'avait encore fait jouer que deux opéras : *la Double Échelle* et *le Perruquier de la Régence*. — Les rôles créés par Chollet et Mlle Prévost furent repris au Théâtre-Lyrique par Sujol et Mme Petit-Brière. — La pièce, qui ne manque pas de gaîté, est pleine de lazzi de cabaret et de corps-de-garde.

Une Rencontre dans le Danube : 2 a.; Germain Delavigne et Jules de Wailly ; Paul Henrion. — 16 avril.

Le compositeur populaire de tant de romances et de chansons perdit pied sur le théâtre. L'inspiration lui fit défaut, ou bien il ne sut pas la mettre en œuvre dans les conditions requises à la scène. — Quant à la pièce, elle avait pour point de départ la rencontre de deux personnages au fond du Danube. L'un sauvait l'autre de la mort. Il est vrai que le Danube ne faisait rien à l'affaire, et que la Sarthe, le Doubs ou l'une quelconque des deux Sèvres eussent rempli le même objet. Mais les auteurs choisirent un fleuve qui coulait vers l'Orient, c'est-à-dire du côté où tous les esprits étaient portés avec les cœurs. C'était, en effet, le temps de la guerre de Crimée.

*La Reine d'un jour : 3 a.; Scribe et de Saint-Georges; Ad. Adam. — 25 avril.

Le ténor Rousseau de Lagrave et Mme Meillet galvanisèrent pendant quelques soirs cette partition qui n'avait eu qu'un médiocre succès en 1839, à l'Opéra-Comique.

Maître Wolfram : 1 a.; Mery ; Reyer. — 20 mai.

M. Reyer faisait ses débuts de compositeur dramatique. Il n'était encore connu que par le *Selam*, symphonie orientale venue à la suite du *Désert*, de M. Félicien David. Il a succédé à Berlioz comme critique musical du *Journal des Débats*. Nous le retrouverons plus loin. — La pièce de Méry (avec quelques parties refaites par Théophile Gautier) avait été inspirée de la lithographie si connue de M. de Lemud.

* Le Tableau parlant : 1 a.; Anséaume; Grétry. — 1er juin.

Première représentation le 20 septembre 1769, à la Comédie-Italienne, autrement à l'Hôtel de Bourgogne, rue Mauconseil, proche les Halles et Saint-Eustache. — Grétry écrivit son opéra à Croix-Fontaine ; cependant, il en avait déjà improvisé quatre morceaux à Paris, chez M. de Creutz, ambassadeur de Suède, et son ami le plus dévoué. « Cette pièce, dit-il dans ses *Mémoires*, n'eut pas d'abord un succès décidé... Les acteurs, qui d'abord n'avaient pas osé se livrer à la gaîté de ce genre, finirent par y être charmants. Clairval, dans le rôle de Pierrot, et Mme Laruette dans celui de Colombine furent inimitables... Une prude dit le soir, au souper du duc de Choiseul, qu'on ne pouvait pas entendre deux fois cet opéra, parce que les accompagnements étaient d'une « indécence outrée » (!) — Anséaume, l'auteur du livret, occupait l'emploi de secrétaire-répétiteur à la Comédie-Italienne. Il a donné environ quarante pièces à ce théâtre et à l'Opéra-Comique, *le Docteur Sangrado*, *le Chinois poli en France*, *le Soldat magicien*, etc... — Les rôles du *Tableau parlant* étaient ainsi distribués au Théâtre-Lyrique : *Pierrot*, Sujol; *Léandre*, Colson ; *Cassandre*, Leroy ; *Colombine*, Mlle Girard ; *Isabelle*, Mlle Vadé.

Le Billet de Marguerite : 3 a.; de Leuven et Brunswick ; Gevaërt. — 7 octobre.

Débuts brillants de Mme Deligne-Lauters, cantatrice belge, et de Léon Achard, fils du comédien du Palais-Royal.

Schaabaham II : 1 a.; de Leuven et Michel Carré; Eugène
  Gautier. — 31 octobre.

Opéra-bouffe assaisonné de gros sel italien qui mettait aux prises un pacha
marocain avec des comédiens de la Foire Saint-Laurent.

Le Roman de la Rose : 1 a.; Jules Barbier et Jules Delahaye; Prosper Pascal. — 29 novembre.

La pièce, très-poétique et suffisamment musicale, n'avait rien à démêler
avec le fameux roman de Jean de Meung et de Guillaume de Loris, qui a
enchanté nos pères du moyen âge ; elle n'en avait emprunté que le titre.
— M. Prosper Pascal n'a pas poursuivi avec beaucoup de ténacité la carrière
de la composition; il s'est adonné, et non sans succès, à la critique musicale.
Pendant plusieurs années il a tenu le feuilleton du *Courrier du Dimanche*.

Le Muletier de Tolède : 3 a.; Dennery et Clairville; Ad.
  Adam. — 16ᵉ décembre.

OEuvre de décadence du pauvre compositeur aux abois et qui perdait son
talent en le forçant pour arriver à payer des dettes contractées dans la
fondation du Théâtre-Lyrique. — La pièce, du reste, était sans intérêt, et
Mme Cabel, malgré sa verve entraînante, ne put la sauver, non plus que la
musique.

A Clichy : 1 a.; Dennery et Grangé; Ad. Adam. — 24 décembre.

Une pochade sans importance, et qui avait été improvisée pour servir de
lever de rideau au *Muletier de Tolède*.

Dans les Vignes : 1 a.; Brunswick et Arthur de Beauplan;
  Clapisson. — 31 décembre.

Saynète jouée par Meillet et Colson.

1855

*Robin des Bois : 3 a. et 4 t.; Castil-Blaze et Th. Sauvage; Weber. — 24 janvier.

Tony, Lagrave; *Max*, Marchot; *Robin*, Junca; *Annette*, Mme Deligne-Lauters; *Nancy*, Mlle Girard. — C'est en 1810, au château de Neubourg, chez son ami A. de Düsch, que Weber fit choix du sujet du *Freischutz*, qu'il trouva dans la collection des contes d'Apel. Une première esquisse du livret fut immédiatement crayonnée par les deux amis; puis l'affaire dormit pendant six ans. C'est seulement dans le courant de l'année 1816 que le poète Kind refit la pièce et la versifia. Il reçut pour ce travail la somme de trente ducats, une fois payés. Weber ne se mit à l'œuvre que le 12 juillet 1817, et commença sa partition par le milieu, en écrivant d'abord le duo des deux femmes qui ouvre le second acte. Pourtant les exigences de sa vie d'artiste, si tourmentée (notamment l'obligation où il se trouva d'écrire à bref délai la partition de *Preziosa*), le forcèrent à plusieurs reprises d'abandonner son œuvre de prédilection. Le *Freischutz*, ébauché en 1810, fut terminé onze ans plus tard. La première représentation en fut donnée le 18 juin 1821, à Berlin. On sait qu'Henri Heine et que Mendelssohn, encore enfant, assistaient à cette soirée mémorable. Weber, qui conduisait l'orchestre, fut plusieurs fois mené en triomphe sur la scène. Et ces ovations il ne les dut pas seulement à l'effet produit par son opéra, mais encore au chaleureux appui des partisans de la musique nationale. En effet, il y avait alors à Berlin une phalange de dilettanti patriotes qui combattait pour détruire la prépondérance de l'art italien, art en quelque sorte officiel, sous la haute main de Spontini, maître de chapelle de la cour. — Voir l'*Histoire du Freischutz*, par M. Edmond Neukomm; in-18, A. Faure; 1867. — Ce fut Castil-Blaze qui introduisit le *Freischutz* en France. Il en donna, le 7 décembre 1824, une traduction à l'Odéon, qui était alors théâtre lyrique. Après quelques représentations pénibles, le chef-d'œuvre de Weber, enfin compris, fut acclamé, et défraya le spectacle pendant plus de trois cents soirées. Repris à l'Opéra-Comique le 15 janvier 1835, après avoir passé par toutes les scènes de la province, il fournit encore une longue carrière. — Il est vrai que Castil-Blaze et son collaborateur se permirent des retouches assez notables : ils changèrent le titre de l'œuvre en celui de *Robin des Bois* ; puis ils modifièrent les noms des personnages, et renforcèrent la pièce de quelques incidents. C'est sous cette forme et sous ce titre, consacrés par trente ans de succès, que le Théâtre-Lyrique donna l'opéra de Weber. — Pourtant, et quoi qu'on prétende, il ne nous semble pas que le *Freischutz* authentique soit à ce point distinct de *Robin des Bois*, que nous devions lui consacrer un paragraphe spécial à propos de sa mise à la scène, en 1866, à la place du Châtelet.

Les Charmeurs : 1 a. ; de Leuven ; Ferdinand Poise. — 7 mars.

Cette paysannerie, jouée par Achard et Mme Meillet, était empruntée aux Grecs par procuration. En effet, et ainsi qu'on eut la loyauté de le déclarer, l'idée en était tirée d'une comédie à ariettes de Mme Favart, Guérin et Harny, qui fut jouée en 1757 sous le titre de *les Ensorcelés*, ou *la Nouvelle surprise de l'Amour*, et qui elle-même n'était que la mise en action d'un chapitre de *Daphnis et Chloé*.

Lisette : 2 a. ; Th. Sauvage ; Eugène Ortolan. — 10 avril.

La scène se passait du temps de Louis XV ; le premier acte en Normandie, le second au siége de Berg-op-Zoom. — M. E. Ortolan, élève de Berton et d'Halévy, a obtenu un deuxième prix de Rome. On a encore de lui une opérette jouée aux Bouffes-Parisiens *(La Momie de Roscoco)*, et un oratorio biblique *(Tobie)*. Il occupe un emploi au ministère des affaires étrangères.

Jaguarita l'Indienne : 3 a. ; de Leuven et de Saint-Georges ; Fromenthal Halévy. — 14 mai.

Un véritable roman à la Fenimore Cooper ; mais adouci et civilisé par la

muse de l'opéra-comique. — Mme Cabel dans le rôle de Jaguarita, Montjauze dans celui du ténor (après avoir joué à l'Odéon les amoureux du répertoire classique.)

Les Compagnons de la Marjolaine : 1 a.; Michel Carré et Jules Verne; Aristide Hignard. — 6 juin.

Cette bergerie n'empruntait que son titre à la chanson flamande si
connue et qui est restée au répertoire des rondes chantées par les enfants
des Tuileries. — Achard et Mlle Girard.

L'Inconsolable : 1 a.; (anonyme); Alberti. — 13 juin.

Ce librettiste qui se cache et ce musicien qui signe d'un nom sentant le
pseudonyme, ne nous disent rien qui vaille. En effet, la pièce, qui avait été
improvisée pour servir de lever de rideau à *Jaguarita*, n'eut qu'un petit
nombre de représentations. — On sait aujourd'hui que sous le masque
d'Alberti se dissimulait l'illustre auteur de *la Juive*.

* La Sirène : 3 a.; Scribe; Auber. — 19 juin.

La première représentation à l'Opéra-Comique est du mois de mars 1844.
Les principaux rôles de cette pièce à brigands (genre favori des auteurs
de *Fra-Diavolo*) étaient tenus par Roger, Audran, Riquier, Mlle Lavoye....
Au boulevard du Temple ils furent distribués à Dulaurens, Achard, Prilleux et Mlle Pannetra. — *La Sirène* est la *seule* partition d'Auber qui ait été
chantée au Théâtre-Lyrique. Elle n'eut qu'un petit nombre de représentations. Le théâtre ferma le 1er juillet et ses vacances durèrent deux mois,
bien qu'alors l'Exposition universelle de 1855 fût dans son plein.

Une Nuit à Séville : 1 a.; Nuitter et Beaumont; Fré-déric Barbier. — 14 septembre.

Nous retrouverons plus d'une fois les noms de ces librettistes qui, principalement pendant la direction Carvalho, se sont signalés par leurs traductions de chefs-d'œuvre étrangers.—M. Nuitter est aujourd'hui archiviste à l'Opéra.

* Marie : 3 a.; de Planard ; Hérold. — 14 septembre.

Une des plus séduisantes partitions d'Hérold, et celle où son génie arrivé à maturité commença à se montrer dans sa pleine originalité. L'auteur de *Marie* (1826) en était à son quatorzième opéra ; il en a depuis écrit huit, et il a fait jouer aussi cinq ballets. L'indifférence de nos directions théâtrales laisse tant de trésors se perdre dans l'oubli, au moment même où nous traversons une période de disette mélodique.

Les Lavandières de Santarem : 3 a.; Dennery et Grangé; Gévaërt. — 27 octobre.

Dulaurens et Mme Deligne-Lauters. — Ballet au second acte dans lequel figurent la Valencienne, la Gallicienne, l'Aragonaise et autres pas espagnols.

Rose et Narcisse : 1 a.; Nuitter et Beaumont; Frédéric Barbier. — 21 novembre.

Narcisse, Legrand ; *Rose*, Mlle Garnier, qui plus tard aux Bouffes-Parisiens eut un succès de beauté en prêtant ses traits à Vénus dans *Orphée aux Enfers*. — Le compositeur Frédéric Barbier, après avoir eu deux partitions, chantées en deux mois au Théâtre-Lyrique, n'a plus reparu sur les grandes scènes ; il s'est fait le fournisseur mélodique des petites (les Folies-Nouvelles, l'Athénée, les Fantaisies-Parisiennes, les Folies-Marigny, etc...); au besoin il n'a pas dédaigné de descendre jusqu'aux cafés-concerts, jetant sa musique à tous les vents.

Le Secret de l'oncle Vincent : 1 a.; Henri Boisseaux ; Th. de Lajarte. — 24 novembre.

Musique aimable et facile, chantée par Meillet et Mlle Caye ; reprise quelque vingt ans plus tard à l'Athénée de la rue Scribe.

* **Le Solitaire** : 3 a.; de Planard; Carafa. — 14 décembre.

Sujet emprunté au roman de d'Arlincourt, qui alors, en 1822, faisait fureur. — Carafa de Colobrano, né à Naples en 1787, fut officier d'ordonnance du roi Murat, et fit en cette qualité la campagne de Russie. Ayant abandonné l'état militaire en 1815, il embrassa la carrière musicale et donna un nombre assez considérable d'opéras en Italie et à Paris. (*Masaniello, la Prison d'Edimbourg, le Valet de Chambre, etc...*). Sa dernière composition est le divertissement dansé à l'Opéra dans la *Sémiramis*, de Rossini, (1861). Il est mort, membre de l'Institut, en 1873.

L'Habit de Noce : 1 a.; Dennery et Bignon; Paul Cuzent. — 29 décembre.

Particularité à noter, car elle est certainement unique : Paul Cuzent, l'auteur de cette petite partition, était alors applaudi comme écuyer du Cirque des chevaux.

1856

* **Le Sourd**, ou l'**Auberge pleine** : 3 a.; de Leuven et Langlé; Adolphe Adam. — 18 janvier.

Danières, Girardot ; *Doliban*, Prilleux (à l'Opéra-Comique, en 1853 : Sainte-Foix et Ricquier). — La pièce est, quant au fond, de Desforges, le librettiste de *l'Épreuve villageoise*, de *l'Amitié au village*, de *Jeanne-Darc à Orléans*. Choudard-Desforges, si spirituellement dessiné par Monselet dans *les Oubliés et les Dédaignés*, personnifie très-bien l'esprit troublé et remuant des dernières années du XVIIIe siècle ; il fut tour à tour étudiant en médecine, peintre, employé à la police et comédien ; sans jamais perdre de vue la littérature et la poésie, dont il avait puisé le goût dans l'enseignement de l'abbé Delille. *L'Auberge pleine*, qui appartient au temps de la Révolution, est une farce très-haute en couleur et d'une joyeuseté intense. Donnée la première fois au théâtre-Montansier, elle passa ensuite à la Comédie-Française, et commença dès lors son tour de France et d'Europe, qu'elle refit cent fois. Les amusantes doubles-croches qu'Adolphe Adam y a semées en 1853 ne la rendirent que plus alerte en la rajeunissant. — *Le Sourd* avait été déjà traduit en italien (*il Finto sordo*), mis en musique par Farinelli et chanté à Paris en 1805.

Falstaff : 1 a.; de Leuven et de Saint-Georges; Ad. Adam. — 18 janvier.

Hermann-Léon reprenait le costume et le caractère du rôle qu'il avait brillamment chanté dans *le Songe d'une Nuit d'été*. Son souvenir est resté vivant parmi les habitués de l'Opéra-Comique, et se rattache particulièrement aux personnages du capitaine Roland des *Mousquetaires de la Reine*, du tambour-major du *Caïd* et du sergent Gritzenko de *l'Etoile du Nord*.

La Fanchonnette : 3 a.; de Leuven et de Saint-Georges ; Clapisson. — 1er mars.

Début événement de Mme Miolan-Carvalho; les autres rôles par Montjauze, Hermann-Léon, Prilleux et Mlle Brunet (qui, sous le nom de Brunetti, devait créer, en 1865, la *Jeanne-d'Arc* de Duprez, au Grand-Théâtre-Parisien de la rue de Lyon). — Le succès populaire de *la Fanchonnette*, enté sur celui de *Fanchon la Vielleuse*, inaugurait heureusement une nouvelle direction. M. Carvalho, qui en devenait titulaire, sortait de l'Opéra-Comique, où il chantait l'emploi des barytons (Jasmin des *Rendez-vous bourgeois*, le colonel Yermoloff de *l'Etoile du Nord*, etc.)... Il allait donner une impulsion très-artistique au Théâtre-Lyrique et en agrandir le cadre en faisant entrer dans son répertoire les chefs-d'œuvre de l'art français et étranger.

Mademoiselle Geneviève : 2 a.; Brunswick et Arthur de Beauplan ; Ad. Adam. — 23 mars.

Le dernier opéra d'Adam au Théâtre-Lyrique, et non le meilleur. Il devait donner encore (le 29 avril 1856) *les Pantins de Violette*, aux Bouffes-Parisiens, et mourir subitement quatre jours après, âgé de 54 ans, dans son domicile de la rue de Buffault. Le catalogue de ses partitions théâtrales, publié dans son ouvrage : *Souvenirs d'un musicien*, ne contient pas moins de *soixante-quinze* numéros, y compris les vaudevilles et les ballets. Il a laissé encore une quantité considérable de cantates, de morceaux religieux et de pièces détachées de tous les genres. Adolphe Adam, qui était entré à l'Institut en 1844, n'avait obtenu que le second prix de Rome en 1825.

Le Chapeau du roi : 1 a.; Edouard Fournier; E. Caspers. — 16 avril.

Achard, Meillet et Mlle Pannetra. — La scène du temps de Louis XI.

* Richard-Cœur-de-Lion : 3 a.; Sedaine; Grétry. — 23 mai.

Richard-Cœur-de-Lion a été représenté pour la première fois (le 21 octobre 1787) à la salle Favart, alors toute neuve et qui était très-fréquentée par la foule élégante des boulevards. Clairval jouait le rôle de Blondel; Philippe, celui du roi. Le second acte obtint un très-grand succès, que faillit compromettre le troisième. Sedaine refit plusieurs fois le dénoûment; il ajouta même un quatrième acte qui se passait dans un souterrain, où le gouverneur se trouvait renfermé avec Blondel, qui lui arrachait l'ordre de mise en liberté de Richard. La combinaison fut encore jugée mauvaise. « Les habitants de Paris, nous dit Grétry dans ses *Mémoires*, avaient une telle envie de voir terminer cet ouvrage d'une manière agréable, que chaque société m'envoyait un dénoûment pour *Richard*. Enfin, Sedaine adopta le siége qui concilie tout... Il est inutile, ajoute-t-il, de parler du succès de cette pièce; il paraît que *cent* représentations (!) suffiront à peine à l'empressement du public. » — Le Théâtre-Lyrique adopta l'édition réorchestrée par Ad. Adam pour la reprise de l'Opéra-Comique en 1841, et il distribua ainsi les rôles : *Blondel*, Meillet; *Richard*, Michot (qui venait d'un café-concert de la rue de la Lune); *Florestan*, Legrand; *Antonio*, Mlle Girard; *Marguerite*, Mlle Brunet; *Laurette*, Mlle Pouilley. — Dans le même temps l'Opéra-Comique reprit aussi *Richard-Cœur-de-Lion* avec Puget (*Blondel*), et Jourdan (*Richard*).

Les Dragons de Villars : 3 a.; Cormon et Lockroy; Aimé Maillart. — 19 septembre.

Il n'est peut-être pas d'opéra qui ait été représenté plus souvent au Théâtre-Lyrique. La reprise qui en a été donnée à l'Opéra-Comique (avec Mme Galli-Marié) a obtenu un égal succès, et il en existe une traduction allemande qui, sous le titre de *la Cloche de l'Ermite*, est au répertoire de tous les théâtres d'outre-Rhin. — *Sylvain*, Scott; *Belami*, Grillon; *Thibaut*, Girardot; *Rose Friquet*, Mlle Borghèse; *Georgette*, Mlle Girard. — (Voir *Gastibelza*, année 1847.)

La Reine Topaze : 3 a.; Lockroy et Léon Battu; Victor Massé. — 27 décembre.

Principaux interprètes : Mme Miolan-Cavalho, Mlle Pannetra, Montjauze, Meillet, Balanqué, Fromant. Mme Carvalho obtint un grand succès de vocaliste en chantant des variations sur « le Carnaval de Venise. » Pour le dire en passant, cet air célèbre est du siècle dernier; son auteur s'appelait Cifolello; aussi fut-il connu longtemps sous le nom de « la Cifolella. » Il n'a pris son titre actuel qu'après avoir été intercalé, en 1816, par Persuis et Kreutzer dans leur ballet du *Carnaval de Venise*. — M. Victor Massé, que nous rencontrons pour la première fois au Théâtre-Lyrique, est un des derniers adeptes de la religion mélodique comprise dans toute son orthodoxie; il croit et il pratique. L'auteur applaudi de *Galatée* et des *Noces de Jeannette* avait ob:

tenu le prix de Rome en 1844. Il siége aujourd'hui à l'Institut dans cè fauteuil n° 3 qui est comme un talisman pour procurer la longévité à ses titulaires. En effet, depuis 1795, il n'a encore été occupé que par Gossec, qui est mort à quatre-vingt-seize ans, et par Auber, qui y a vécu en bonne santé jusqu'à sa quatre-vingt-dixième année.

1857

* **Obéron** : 3 a. et 7 t.; Nuitter, Beaumont et Chazot; Weber. — 27 février.

Huon, Michot; *Schérasmin*, Grillon; *Obéron*, Fromant; *Sadack*, Leroy; *Aboulifar*, Girardot; *le Bey*, Bellecour; *Rezzia*, Mme Rossi-Caccia (et depuis, Mmes Ugalde, Cambardi, Meillet); *Puck*, Mlle Borghèse; *Fatime*, Mlle Girard. — *Obéron* avait été commandé à Weber par l'administration du théâtre de Covent-Garden. Il fut en effet représenté sur cette scène le 12 avril 1826. Le poème, écrit en anglais par un certain Planché, d'après la légende de *Huon de Bordeaux*, empruntée à la « Bibliothèque bleue, » ne comportait pas moins de seize tableaux. Il a été assez profondément remanié par les traducteurs français, qui y ont même ajouté les personnages burlesques de Sadack et d'Aboulifar. — Weber s'était rendu à Londres pour surveiller les répétitions de son opéra. La mort l'y surprit quelques semaines après la première représentation (5 juin 1826). — Le rôle de Rezzia a été créé, à Covent-Garden, par miss Paton; celui de Huon par Braham. Mais le célèbre ténor anglais devait être alors en pleine décadence, car, trente ans auparavant, il était venu à Paris et avait enchanté les salons du Directoire. — Antérieurement à 1857, *Obéron* n'avait été joué qu'une fois à Paris, par la troupe allemande de Rœkel, à la salle Favart, le 25 mai 1830. — (Voir plus loin *Euryanthe*.)

Les Nuits d'Espagne : 2 a.; Michel Carré; Th. Semet.— 26 mai.

C'était le premier opéra de M. Semet, qui alors remplissait les modestes fonctions de tambour dans l'orchestre de l'Opéra. — (Voir plus loin *Gil-Blas*.)

Le Duel du Commandeur : 1 a.; Henri Boisseaux ; Th. de Lajarte. — 10 juin.

La scène se passait sous Louis XV, et le Commandeur de *Don Juan* n'était pas en cause.

Les Commères : 1 a.; Granval ; Montuoro. — 10 juin.

En paraphrasant *les Femmes et le Secret*, de Lafontaine, le librettiste avait fait de ses « Commères » des Tyroliennes, afin, sans doute, d'éviter toute allusion à celles de Paris. — Principale interprète : Mlle Girard.

* **Euryanthe** : 3 a.; de Leuven et de Saint-Georges; Weber. — 1er septembre.

La première représentation d'*Euryanthe* fut donnée à Vienne, le 25 octobre 1823. C'est une œuvre d'un ordre très-élevé, mais qui n'a jamais pu prendre au théâtre la place qui lui semblait réservée. L'inanité du livret (signé d'une dame de Chézy) a toujours entravé son heureuse destinée. L'ouverture, le premier finale et le chœur des chasseurs ont cependant et toujours figuré avec honneur au programme des concerts. — Ce n'est pas qu'on n'ait essayé de refaire ce malencontreux livret. Castil-Blaze donna, le 6 avril 1831, une *Euryanthe* de sa façon à l'Opéra. Il y avait introduit plusieurs morceaux d'*Obéron* (la barcarolle, la marche turque, etc...). Mais l'expérience ne réussit qu'à moitié, en dépit des chanteurs, qui avaient nom : Nourrit, Dabadie, Mme Damoreau. — Le 14 juin de la même année, la troupe allemande de Rœkel chanta *Euryanthe* à la salle Favart. — Quant à l'*Euryanthe* du Théâtre-Lyrique, la pièce en avait été entièrement renouvelée avec des éléments empruntés à *Gérard de Nevers*, roman du comte de Tressan. Elle était d'une audition possible tout au moins. Cependant on reprocha aux auteurs-arrangeurs d'y avoir introduit deux espèces de pitres dont les lazzi détonaient sur cette épopée chevaleresque aux couleurs tragiques. — *L'Invitation à la valse*, servant de thème au ballet, n'était pas non plus en situation dans un drame dont l'action se passe au moyen-âge. — Interprètes : Michot, Balanqué, Mlles Borghèse, Rey et A. Faivre (début). — Lorsqu'en 1844 les restes de Weber, rapportés de Londres, furent inhumés à Dresde, M. Richard Wagner arrangea pour la cérémonie une symphonie funèbre qui était une mosaïque des principaux motifs d'*Euryanthe*. — (Voir plus haut *Obéron*.)

Maître Griffard : 1 a.; Mestépès; Léo Delibes. — 3 octobre.

M. Delibes, élève d'Adam, en était à son premier opéra chanté sur un grand théâtre ; mais on connaissait de lui d'agréables opérettes jouées aux Bouffes-Parisiens. Peu de personnes se souviennent que l'heureux auteur de *Coppelia* et du *Roi l'a dit*, a débuté aux Folies-Nouvelles par une saynète intitulée : *Deux sous de charbon*. — Voir notre *Histoire des Bouffes-Parisiens*, in-32, Librairie-Nouvelle, 1860.

Margot : 3 a.; de Leuven et de Saint-Georges; L. Clapisson. — 5 novembre.

Un interminable album de romances, qui parut fastidieux malgré l'intérêt qu'y pouvait apporter le talent de Mme Carvalho.

La Demoiselle d'honneur : 3 a.; Mestépès et Kaufmann; Th. Semet. — 30 décembre.

Un mélodrame de cape et d'épée (époque de la Renaissance). On y applaudissait un duel habilement mis en scène par M. Desbarolles. — Interprètes : Audran (ex-ténor de l'Opéra-Comique), Balanqué, Grillon, Mlles Rey, A. Faivre et Marimon (pour ses débuts).

1858

Le Médecin malgré lui : 3 a.; Michel Carré et Jules Barbier. — 15 janvier.

Sganarelle, Meillet (rôle repris par Sainte-Foy pendant le court séjour qu'il fit au Théâtre-Lyrique, et plus tard par Ismaël à l'Opéra-Comique); *Géronte*, Lesage; *Lucas*, Girardot; *Martine*, Mlle Faivre; *Jacqueline*, Mlle Girard. — Partition-pastiche où abondent les tours de style et les effets rhythmiques familiers aux musiciens du XVIIe siècle. — Le soir de la première représentation, la toile de fond s'est ouverte après le dénoûment et a laissé voir une sorte d'Olympe éclairé par des lueurs d'apothéose. Mme Carvalho, qui n'était pas de la pièce, a paru alors dans un costume à l'antique et a chanté des stances à Molière. M. Gounod s'est montré à son tour, mais vêtu à la moderne; il a salué le public, et le rideau est tombé.—Ce n'était pas la première fois que la comédie de Molière tentait un compositeur. En 1792, *le Médecin malgré lui*, arrangé par Désaugiers père, fut mis en musique par Désaugiers fils, et représenté au Théâtre-Feydeau. L'air du *Ça ira*, intercalé dans la partition, pourrait au besoin lui servir de date.

*Preziosa : 1 a.; Nuitter et Beaumont; Weber. — 16 avril.

Interprètes : Mlle Borghèse, Fromant et Serène. — *Preziosa*, représentée pour la première fois à Dresde en 1822, fut traduite par Th. Sauvage et arrangée par Crémont, en 1825, à l'usage de l'Odéon-Lyrique. — L'édition adoptée au boulevard du Temple était aussi un arrangement; la pièce indigeste de Wolf, imitée d'un roman de Cervantes, avait été remaniée, et dans la partition entraient divers morceaux de *Sylvana* et des autres opéras de la jeunesse de Weber. Mais ces retouches étaient d'une main discrète et habile.

Don Almanzor : 1 a.; Louis Ulbach et E. Labat; Renaud de Vilbac. — 16 avril.

M. Renaud de Vilbac avait déjà donné aux Bouffes-Parisiens une opérette intitulée : *Au clair de la lune*. Depuis il a publié un nombre considérable de morceaux d'orgue et de piano originaux ou transcrits.

* **Les Noces de Figaro :** 4 a.; Michel Carré et Jules Barbier; Mozart. — 8 mai.

Première représentation à Vienne, le 28 avril 1786, avec un succès médiocre, mais qui, en dépit de la cabale organisée par Salieri et le parti de la musique italienne, ne fit que grandir aux représentations suivantes. Du reste, telle était la volonté de l'empereur Joseph II, qui ne pouvait abandonner à leurs ennemis Da Ponte et Mozart après leur avoir lui-même demandé d'arranger en opéra la comédie de Beaumarchais (lire: *Critique et littérature musicales*, 2e série, par Scudo, in-18, Hachette, 1859; *les Musiciens célèbres*, par M. Félix Clément, gr. in-8°, Hachette, 1868; *Histoire de Mozart*, par M. Albert Sowinski, in-8°, Garnier frères, 1869. Voir aussi, page 169, nos *Treize salles de l'Opéra*, in-18, Sartorius; 1875, etc...). — Le 20 mars 1793, au plus fort de la Terreur, *les Noces de Figaro* furent chantées pour la première fois à l'Opéra de Paris, devant une recette de 5,035 livres 14 sous. *Figaro*, Lays; *le Comte*, Adrien; *Chérubin*, Mme Henry; *Suzanne*, Mme Gavaudan; *la Comtesse*, Mme Ponteuil. Le traducteur, Notaris, avait substitué aux récitatifs la prose parlée du *Mariage de Figaro*. Cependant Beaumarchais, qui assistait à la représentation, n'en fut pas satisfait, et il écrivit à ce propos une lettre-mémoire qu'on peut lire dans l'ouvrage de M. de Loménie : *Beaumarchais et son temps*. — C'est en 1807 seulement que *le Nozze di Figaro* entrèrent au répertoire du Théâtre-Italien de Paris. Mme Barilli chantait Cherubino. — En 1858, au Théâtre-Lyrique, les rôles étaient ainsi distribués : *Chérubin*, Mme Carvalho; *la Comtesse*, Mme Vandenheuvel-Duprez; *Suzanne*, Mme Ugalde; *Figaro*, Meillet; *Almaviva*, Balanqué; *Basile*, Legrand; *Antonio*, Lesage; (voir dans *le Monde illustré*, du 5 juin 1858, une gravure représentant Mmes Ugalde, Vantdenheuvel et Carvalho). Le succès de l'opéra de Mozart est certainement le plus éclatant qu'ait obtenu le Théâtre-Lyrique. Il eut au loin un si grand retentissement, qu'on vit un groupe d'environ cent dilettanti angevins faire exprès le voyage de Paris pour applaudir les *Noces de Figaro*. La direction avait fait peindre en leur honneur un rideau d'entr'acte représentant une vue panoramique de la ville d'Angers. — Reprise assez froide en 1874 à l'Opéra-Comique. Mme Carvalho chantait le rôle de la comtesse, et avait cédé celui de Chérubin à Mlle Edma Breton.

L'Agneau de Chloé : 1 a.; Clairville; Montaubry.—9 juin.

M. Montaubry, frère du ténor et auteur de la ronde populaire des *Filles de marbre*, a été longtemps chef d'orchestre du Vaudeville.— Début de Wartel fils. — Chanson non à boire, mais... à manger, chantée par Mlle Girard, en l'honneur de la côtelette de mouton.

La Harpe d'or : 2 a.; Jaime fils et Ernest Dubreuil; Félix Godefroy. — 8 septembre.

« Opéra-légende, » disait l'affiche; on y voyait, en effet, une statue de sainte Cécile qui s'animait et prenait part à l'action sous l'influence magique des sons de la harpe d'or. Le morceau était joué dans la coulisse par le célèbre virtuose qui avait signé la partition.

Broskowano : 2 a.; H. Boisseaux ; Deffès. — 29 septembre.

Le lieu de la scène était en Orient. Broskowano est, en effet, le génie malfaisant, le vampire auquel croient les Turcs superstitieux.— M. Deffès a obtenu le prix de Rome de 1847.

1859

La Fée Carabosse : 3 a. et 1 prologue; Lockroy et Cogniard; Victor Massé. — 28 février.

Sujet féerique; mise en scène luxueuse. — Mme Ugalde (*Mélodine*) fait applaudir la « Chanson de l'alouette, » qui pourrait faire pendant à la «Chanson de l'abeille » dans *la Reine Topaze*, du même compositeur.

Faust : 5 a.; Michel Carré et Jules Barbier; Charles Gounod. — 19 mars.

Distribution : *Faust*, Barbot; *Méphistophélès*, Balanqué ; *Valentin*, Reynal ; *Marguerite*, Mme Carvalho; *Siebel*, Mlle A. Faivre. — L'opéra à succès de M. Gounod fut d'abord reçu froidement. Il n'était pas coupé, ni disposé tel que nous le voyons depuis 1869 à l'Opéra; un dialogue parlé y tenait la place des récitatifs; puis le ballet du cinquième acte, qui a été composé pour le théâtre de la Monnaie de Bruxelles, n'existait pas encore. Autre détail, mais qui peut avoir son importance au point de vue de l'effet général de l'œuvre, la scène de l'église se passait dehors, sur le parvis du temple. — Le drame fantastique de Gœthe a inspiré plus ou moins heureusement un certain nombre de compositeurs : Lickl (1815); Spohr (Francfort, 1818); Seyfried (Vienne, 1820); Bishop (Londres, 1825); Béancourt (Paris, théâtre des Nouveautés de la place de la Bourse, 1827); Lindpaintner (Stuttgard, 1831); Mlle Louise Bertin (Paris, Théâtre-Italien, 1831); Gordigiani (Florence, 1837), etc... Pour plus de détails, voir le *Dictionnaire lyrique* de M. F. Clément.

* Abou-Hassan : 1 a.; Nuitter et Beaumont; Weber. — 11 mai.

Weber n'était âgé que de vingt-quatre ans, lorsqu'en 1810 il fit représenter *Abou-Hassan* sur le théâtre du grand-duc de Darmstadt. Il avait déjà donné *Peter Schmoll*, *la Force de l'amour et du vin*, *Sylvana* et autres compositions pleines de séve juvénile. — Le sujet d'*Abou-Hassan*, autrement du *Dormeur éveillé*, est tiré des *Mille et une Nuits*. Il a été traité bien des fois à la scène lyrique, notamment par Marmontel et Piccini (Comédie-Italienne, 1784), et par Mlle C. Duval et M. Leprévost (Opéra-Comique, 1848).—Meillet, Wartel et Mlle Marimon se partageaient les rôles de l'opéra-comique de Weber au Théâtre-Lyrique.

*L'Enlèvement au sérail: 2 a.; Prosper Pascal; Mozart. — 11 mai.

Cet opéra, commandé par l'empereur Joseph II, fut représenté à Vienne en 1782. — Le livret allemand de Bretzner avait été retouché par Stephani sur les indications, et on pourrait dire avec la collaboration du compositeur. Mozart, en effet, était alors amoureux de Constance Weber, qu'il venait d'enlever et dont il allait faire sa femme. Il voulut donc écrire sa partition comme un chapitre d'autobiographie, et y faire une sorte de confession de ses sentiments dans le langage demi-voilé de la mélodie. Son héroïne s'appelle aussi Constance; et c'est lui qui parle par la voix de Belmont, le ravisseur. — Voir les ouvrages que nous avons cités au paragraphe des *Noces de Figaro*. Consulter surtout, dans le *Mozart* de l'abbé Goschler, la lettre du 27 septembre 1781, où l'auteur de l'*Enlèvement au Sérail* fait en détail la genèse de son opéra. — Une troupe allemande passa par Paris, en 1802, et chanta l'*Enlèvement au Sérail*, sur le théâtre de la Cité, qui prit dès lors le nom de Théâtre-Mozart. Mlle Lange, sœur de Constance Weber, remplissait le rôle de Constance. Le théâtre de la Cité, bâti dans les quatre murs de l'église Saint-Barthélemy, a, depuis, donné asile au bal du Prado, puis a été démoli pour faire place aux constructions du Tribunal de commerce. — M. Prosper Pascal, traducteur de l'*Enlèvement au Sérail*, pour le compte du Théâtre-Lyrique, orchestra et fit jouer, comme introduction au second acte, l'*allegro alla turca* d'une sonate de piano de Mozart. — Interprètes : Bataille, Michot, Fromant ; Mmes Ugalde et Meillet.

Les Petits Violons du Roi : 3 a.; Scribe et Boisseaux ; Deffès. — 30 septembre.

On y voyait pendant trois actes Lully en marmiton, sous les traits de Mlle Girard. Pièce mal cuisinée, pleine d'invraisemblances et faite de scènes accommodées en ratatouille sans sel, ni piment. L'agréable musique de M. Deffès était un dédommagement, sinon une compensation suffisante à la débilité du livret.

Mademoiselle Pénélope : 1 a.; H. Boisseaux; Th. de Lajarte. — 3 novembre.

Comédie lyrique du genre intime, jouée par Potel et Mlle Faivre. Ils y dansaient un pas de bourrée qu'on leur faisait toujours recommencer. Mais les amateurs ouvraient aussi l'oreille à d'autres morceaux de la partition.

* Orphée : 3 a.; Moline ; Gluck. — 19 novembre.

Composé à Vienne en 1764, sur un livret italien de Calsabigi, *Orphée* fut traduit en français par Moline et représenté à l'Opéra le 2 août 1774. Les deux principaux rôles étaient tenus par la haute-contre Legros et Mlle Sophie Arnould. — Gluck était particulièrement protégé par Marie-Antoinette, à qui il avait appris la musique. Il arrivait à Paris en réformateur. Son style, si bien approprié à ce qu'on appelait alors la tragédie lyrique, fut une révélation. L'école qui en est née a compté Méhul et Spontini parmi ses plus glorieux disciples, et elle s'est maintenue en faveur jusqu'à la venue de Rossini et de Meyerbeer. Mais nous devons à Gluck des bienfaits de plus d'une sorte : c'est lui qui imagina de faire baisser le rideau pendant les entr'actes; c'est encore lui qui dota nos orchestres de la harpe et du trombone, et en bannit le cor de chasse et la flûte à bec. La légende veut même que ce soit grâce à son autorité que les violonistes ne jouent plus avec des gants en hiver. — (Voir *Mémoires pour servir à l'histoire de la révolution opérée dans la musique par le chevalier Gluck*, par l'abbé Leblond ; Naples et Paris, 1781 ; un vol. in-8° de 491 p. Voir aussi *les Gluckistes et les Piccinistes*, un ouvrage récent de M. Desnoireterres.) — La reprise d'*Orphée* au Théâtre-Lyrique fut entourée de soins pieux : l'orchestre et les chœurs avaient été renforcés d'une partie du personnel du Théâtre-Italien ; les décors, très-saisissants et d'un charme tout virgilien, étaient signés des grands artistes Cambon et Thierry ; Berlioz avait été engagé pour surveiller les répétitions, notamment pour rétablir le rôle d'Orphée suivant le texte chanté à la création par le sopraniste Guadagni. Mais c'est encore à Mme Viardot, interprète de ce rôle capital, c'est à l'intelligence et à la force tragique qu'elle a déployées, qu'on peut surtout attribuer le succès du chef-d'œuvre de Gluck pendant plus de cent cinquante représentations. (Voir le buste de Mme Viardot, modelé par Aimé Millet; voir aussi, avec la « scène des *Enfers*, » son portrait dessiné par E. Morin, dans le *Monde illustré* du 26 novembre 1859.)

1860

Ma Tante dort : 1 a.; Hector Crémieux ; Henri Caspers. — 21 janvier.

Arlequinade dont les costumes avaient été copiés sur les gravures du livre de M. Maurice Sand : *Masques et Bouffons*. — En 1862, Mme Ugalde transporta pièce et musique à l'Opéra-Comique.

Philémon et Baucis : 3 a.; Michel Carré et Jules Barbier; Ch. Gounod. — 18 février.

Imitation languissante et froidement accueillie du plus chaste des contes de La Fontaine. Au deuxième acte, scène d'orgie reproduisant le tableau des « *Romains de la décadence*, » de M. Couture. — *Philémon*, Fromant; *Baucis*, Mme Carvalho. — Reprise en deux actes à l'Opéra-Comique, avec Nicot et

Mlle Chapuy (mai 1876). — Il existe un opéra en un acte sur le même sujet, paroles de Malézieu, musique de Mathan, qui a été joué à Sceaux, en 1703, devant la duchesse du Maine. Gossec a écrit aussi un ballet de *Philémon et Baucis* qui a été dansé à l'Opéra, en 1775.

Gil Blas : 5 a.; Michel Carré et Jules Barbier ; Th. Semet. — 23 mars.

Le roman de Lesage, arrangé en livret d'opéra-comique, ne rendit point à la scène ce qu'on aurait pu en attendre. — La partition, écrite d'un style clair, et d'ailleurs assez inconsistant, contenait une chanson espagnole qui était une trouvaille mélodique. La « sérénade de *Gil-Blas* » a usé tous les cylindres d'orgues de Barbarie pendant deux ou trois ans. Au théâtre, Mme Ugalde (rôle de Gil Blas) était obligée de la répéter trois fois ; après la seconde audition, le public du boulevard du Temple, médiocre latiniste, demandait encore *bis !* sans se douter qu'il devait crier *ter !* Le terme, en effet, n'est pas plus en usage que la chose.

* Fidelio : 3 a.; Michel Carré et Jules Barbier ; Beethoven. — 5 mai.

Le seul opéra qu'ait donné Beethoven a vu le jour à Vienne, au théâtre An der Wien, en 1805 (c'est-à-dire l'année où parurent la *Symphonie héroïque* et la *sonate dédiée à Kreutzer*). Circonstance remarquable, le public de la première représentation était composé de militaires français, car notre armée occupait alors la capitale de l'Autriche, et se disposait à partir pour le champ de bataille d'Austerlitz. *Fidelio* n'eut que trois représentations dans le principe. Beethoven reprit son œuvre et la modifia profondément ; il refit l'ouverture jusqu'à quatre fois. Pourtant, et malgré l'estime, l'admiration même des connaisseurs, cette musique n'a jamais obtenu un succès de théâtre. Chanté à Paris, par des troupes allemandes, en 1829, 1830 et 1842 ; repris en italien, à Ventadour, par Mlle Cruvelli, et plus tard par Mlle Krauss, *Fidelio* n'a jamais rencontré que des auditeurs respectueux mais froids. — Le sujet de la pièce était celui de *Léonore* ou *l'Amour conjugal*, opéra-comique de Bouilly; musique de Gaveaux (1798), et sur lequel Paër avait aussi écrit une partition italienne. On prête même à Beethoven cette impertinence qu'il aurait dite à Paër, en sortant de la représentation de sa *Léonore* : « Votre opéra me plaît beaucoup, mon cher... ; je le mettrai en musique ! » — Mme Viardot, malgré toute l'intelligence qu'elle déploya dans le rôle de Fidelio, ne put maintenir longtemps l'opéra de Beethoven au répertoire du Théâtre-Lyrique. Elle était pourtant bien secondée par Bataille, Guardi, Serène, Vanaud et Mlle Amélie Faivre. D'autre part, elle avait contre elle une inexpérience flagrante dans le débit du dialogue parlé. Aussi, pour les amateurs de théâtre, y avait-il un spectacle plus curieux que captivant, dans l'embarras de Mme Viardot, quand l'orchestre la laissait seule au milieu du silence de la salle, et qu'elle se trouvait aux prises avec une prose sourde et sans relief. — Voir : *Détails biographiques sur Beethoven*, par Anders, d'après Weygler et Ries ; Paris, 1839, in-8°. *Beethoven et ses trois styles*, par W. de Lenz ; Saint-Pétersbourg, 1852-53 ; in-8°. *Histoire de la vie et de l'œuvre de Ludwig van Beethoven*, par Schindler, traduction A. Sowinski ; Paris, 1865, in-8°. *Beethoven, sa vie, son caractère, sa musique*, par Ed. de Pompery ; Paris, 1865, in-12, etc...

Les Valets de Gascogne : 1 a.; Philippe Gille ; Dufrêne — 2 juin.

Le livret, développement ingénieux d'une donnée plaisante, avait pour interprètes Girardot, Potel et Wartel, qui étaient de gais compères. Quant à la partition, Mlle Amélie Faivre lui prêtait toutes les grâces de son talent. — M. Philippe Gille, dont le nom a reparu souvent, et avec honneur, sur les affiches des théâtres de genre, rédige actuellement au *Figaro* le compte rendu des livres nouveaux. Alfred Dufrêne, son beau-frère, est mort après avoir fait représenter aux Bouffes-Parisiens deux opérettes : *Venant de Pontoise*, et *Maître Bâton*.

*Les Rosières : 3 a.; Théaulon ; Hérold. — 5 juin.

Le premier opéra-comique de l'auteur de *Zampa* et du *Pré aux Clercs* (car on ne peut guère compter *Charles de France*, donné l'année précédente, et improvisé comme pièce de circonstance, en collaboration avec Boieldieu). *Les Rosières*, chantées pour la première fois à Feydeau, le 27 janvier 1817, eurent un regain de succès au Théâtre-Lyrique, interprétées par Delaunay-Ricquier, Fromant, Gabriel, Lesage, Mlles Amélie et Marie Faivre, Mme et Mlle Vadé. Les répétitions de ces trois actes n'avaient duré que quinze jours, tant on avait hâte de réparer le demi-échec de *Fidelio*. — Reprise en 1866 au petit théâtre des Fantaisies-Parisiennes.

Maître Palma : 1 a. ; Philippe Gille et Furpille ; Mlle Rivay. — 17 juin.

Un opéra de salon, reçu par la précédente direction, et qui fut glissé furtivement sur l'affiche, le soir d'un dimanche d'été. Ce manque de cérémonie fut cette fois, comme toujours, mal interprété par le public. La pièce était pourtant amusante, et méritait d'être donnée dans de meilleures circonstances.

Crispin rival de son maître : 2 a. ; S. Henry Berthoud ; Sellenick. — 1ᵉʳ septembre.

La comédie de Lesage date de 1707; elle était arrangée en opéra-comique par M. Henry Berthoud, qui ne mit point son nom sur l'affiche. C'est avec la même modestie, peut-être avec la même timidité, qu'il signe du pseudonyme de Sam ses utiles et nombreux travaux de vulgarisation scientifique. — M. Sellenick, aujourd'hui chef de la vaillante et très renommée musique de la Garde républicaine, commandait alors celle du 2ᵉ voltigeurs de la Garde. — *Crispin rival de son maître* était chanté par Balanqué, Fromant, Leroy, Mlles Amélie Faivre et Duran (cette dernière, sœur du célèbre peintre Carolus Duran).

L'Auberge des Ardennes : 1 a. ; Michel Carré et Jules Verne ; Aristide Hignard. — 1ᵉʳ septembre.

M. Jules Verne, auteur de cet acte bouffe, avait été secrétaire du Théâtre-

Lyrique ; (il a, dit-on, mis la main à plusieurs pièces représentées sur cette scène). Mais il n'était pas encore l'auteur très-recherché et très-lu des ingénieux romans scientifiques qui font aujourd'hui sa réputation. — Voir plus haut *Colin-Maillard*, opéra de M. Hignard.

*Le Val d'Andorre : 3 a. ; de Saint-Georges ; F. Halévy. — 15 octobre.

Le *Chevrier*, Battaille ; *Stephan*, Montjauze ; *Lejoyeux*, Meillet ; *Saturnin*, Fromant ; Rose-de-Mai, Mme Meillet ; *Georgette*, Mlle Roziès ; *Thérésa*, Mme Zévaco. Cette brillante distribution détermina en partie le succès de quatre-vingts représentations consécutives que le *Val d'Andorre* obtint au Théâtre-Lyrique. Halévy était déjà atteint par le mal qui devait l'emporter, en 1862; mais ses biographes racontent que le bon accueil fait à son opéra lui procura un retour momentané à la santé. — Le *Val d'Andorre* fut créé à l'Opéra-Comique le 11 novembre 1848. La «Chanson du Chevrier », morceau favori de la partition, courut alors tous les carrefours, alternant avec les *Girondins*. C'est ainsi qu'en 1793, on avait vu une autre pastorale (*Il pleut, bergère...*) donner la réplique à la fulgurante *Marseillaise*. — Voir *Notice sur la vie et les ouvrages de F. Halévy*, par Beulé ; Paris, 1862, gr. in-8º. *Fromenthal Halévy, sa vie et ses œuvres*, par M. Léon Halévy (son frère) ; Paris, 1863, grand in-8º. *Halévy écrivain*, par M. Arthur Pougin ; Paris, 1865, in-8º. Consulter aussi les pages 314 et suivantes de notre livre (en collaboration avec M. E. Thoinan) la *Musique à Paris* ; 1863, Morizot ; in-18.

Les Pêcheurs de Catane : 3 a. ; Cormon et Michel Carré ; Aimé Maillart. — 19 décembre.

La *Graziella* de Lamartine, traînée vivante devant un public de théâtre et traduite à sa barre, fut reçue avec une sévérité froide. Les mélancolies poétiques qui se dégagent des feuillets du livre se tournèrent en prosaïque ennui dans ce nouveau milieu. Mlle Baretti qui débutait par le rôle primitivement destiné à Mme Carvalho, était encore trop dénuée d'autorité, pour venir en aide aux auteurs. C'est aussi dans ce drame lyrique que s'est essayé, en sortant du Conservatoire, le ténor Peschard, qui alla bientôt chanter le *Comte Ory* à l'Opéra. — Voir plus haut *Gastibelza* et *les Dragons de Villars*.

1861

La Madone : 1 a.; Carmouche; Louis Lacombe. — 16 janvier.

L'action se passait à Rome au XVIe siècle, et mettait en scène le peintre Fra-Angelico. C'était la dernière pièce du fécond vaudevilliste Carmouche, du collaborateur de Scribe, de Mélesville, de Bayard... qui, à sa mort, arrivée en 1868, a laissé un actif de près de trois cents œuvres dramatiques. — Quant à la musique, comprise seulement de quelques affiliés au wagnérisme naissant, elle était de M. Lacombe, pianiste, écrivain et conférencier.

****Astaroth** : 1 a.; Henri Boisseaux; Debillemont. — 25 janvier.

Ce petit opéra dont la donnée était piquante, et la musique pleine de qualités scéniques, avait été primitivement représenté à Dijon, ville natale des deux auteurs. Il y accompagnait le *Bandolero*, grand opéra en cinq actes, également de leur composition. — M. Debillemont, musicien d'un talent souple et exercé, a fait jouer un certain nombre d'opéras-comiques et d'opérettes aux Bouffes, aux Fantaisies-Parisiennes, aux Menus-Plaisirs. Il dirige aujourd'hui l'orchestre du théâtre de la Porte-Saint-Martin.

Madame Grégoire : 3 a.; Scribe et Henri Boisseaux; Clapisson. — 8 février.

La dernière pièce de Scribe, et qui trahissait la vieillesse de l'auteur par la prédominance de l'habileté sur l'imagination. Aussi le public, quoique familier avec les aventures romanesques de Mme de Pompadour, ne put suivre une intrigue à ressorts compliqués, à échappements imprévus, à engrenages multiples dont l'enchevêtrement constituait une indéchiffrable énigme. — Le musicien, paraît-il, ne vit pas clair non plus dans son livret, et il écrivit une partition brumeuse dont le temps a aujourd'hui dissipé le souvenir. — Du reste, l'exécution musicale n'offrit rien de bien brillant avec le concours de Lesage, de Wartel, de Gabriel et de Mlles Roziès et Moreau.

Les deux Cadis : 1 a.; Philippe Gille et Furpille; Ymbert. — 8 mars.

Succès de rire qui s'est prolongé pendant de nombreuses représentations. L'auteur de la musique, qui avait donné des preuves de savoir, a depuis lors abandonné la carrière ; il s'est retiré en province et il est aujourd'hui maire de Bourbonne-les-Bains. — Interprètes : Grillon, Wartel, Girardot, Mlle Faivre. — Voir plus haut *les Valets de Gascogne.*

La Statue : 3 a. et 5 t.; Jules Barbier et Michel Carré ; Ernest Reyer. — 11 avril.

Livret tiré d'un conte arabe. Musique colorée, nerveuse, et souvent étrange, ainsi qu'elle s'y efforce visiblement depuis la première note de l'introduction jusqu'au dernier finale. En somme l'œuvre capitale de la direction de M. Charles Réty. Cependant, et telle est la dureté des temps pour les compositeurs dramatiques, l'auteur de la *Statue* n'a fait chanter, depuis quinze ans, que la seule partition d'*Érostrate*, qui vécut trois soirs devant le public de l'Opéra. Il avoue très-galamment cet insuccès dans son livre intitulé *Notes de musique* (Paris, Charpentier ; 1875 ; in-18). — Interprètes de *la Statue* : Montjauze, Balanqué, Wartel, Girardot et Mlle Baretti. — Voir plus haut *Maître Wolfram.*

Au travers du mur : 1 a.; de Saint-Georges, prince Poniatowski. — 9 mai.

Opérette improvisée pour une représentation à bénéfice et qui n'eut qu'une existence éphémère. Dans le mois de novembre de la même année, elle passa cependant à l'Opéra-Comique, et Gourdin y reprit le rôle burlesque créé par Bataille. — Consulter l'ouvrage de M. Léon Escudier, intitulé *Mes souvenirs;* on y trouvera des notes intimes sur la vie de chanteur et de compositeur du prince Poniatowski.

Le Buisson vert : 1 a.; Fonteille; Gastinel. — 15 mai.

La scène en Suède, du temps de Gustave III. Ce monarque apparaissait même au dénoûment pour tirer d'embarras les personnages de la pièce, et aussi les auteurs. — Fonteille est le pseudonyme de Michel Carré. — L'auteur de la musique avait obtenu le prix de Rome en 1846.

Le Neveu de Gulliver : 3 a.; H. Boisseaux; Th. de Lajarte. — 22 octobre.

Opéra-ballet qui fut répété avec le titre de *Voyage dans la lune.* Le second acte, en effet, se passait dans cet astre. Le librettiste, par galanterie pour les habitants de la terre, n'avait prêté aucun esprit aux lunatiques; circonstance qui découragea le public jusqu'à l'empêcher de goûter l'élégance et les grâces faciles de la partition. — Les deux principaux interprètes étaient M. Jules Lefort, baryton connu par ses succès dans les concerts (il faisait son premier début sur la scène); et Mlle Clavelle, danseuse empruntée au personnel de l'Opéra.

*Le Café du roi : 1 a.; Meilhac ; Deffès. — 16 novembre.

Cette petite et agréable pièce (premier essai de M. Meilhac, comme librettiste) avait appartenu au répertoire du théâtre de Bade. — M. Deffès, auteur d'une dizaine d'opéras-comiques, est le prix de Rome de l'année 1847. — *Le Café du roi* a été repris, on pourrait dire réchauffé, à la salle Favart il y a quelques années. L'intelligente et accorte Mlle Girard y tenait encore le rôle de Louis XV, qu'elle avait créé.

La Nuit aux gondoles : 1 a.; Jules Barbier; Prosper Pascal. — 19 novembre.

Une chute complète, retentissante et sans remède. — Voir plus haut l'*Enlèvement au sérail* et *le Roman de la rose*.

La Tyrolienne : 1 a.; Achille Dartois et de Saint-Georges; Leblicq. — 6 décembre.

Un vieux vaudeville qui avait été joué aux Variétés, par Vernet, sous le titre de la *Prima donna*. M. de Saint-Georges en fit un opéra-comique et l'imposa au Théâtre-Lyrique le jour où il signa son autorisation de monter *le Val d'Andorre*. — Le musicien était d'origine belge. Il est retourné dans son pays.

La Tête enchantée : 1 a.; Ernest Dubreuil; L. Paliard. — 13 décembre.

Une histoire d'alchimiste, mêlée à une aventure amoureuse. Pièce gaie ; musique assez fournie en mélodies. Le compositeur était un marchand de papiers peints de Lyon à qui Adolphe Adam avait donné d'excellents conseils. — Rôles distribués à Legrand, Lesage et Mlle Marie Faivre.

1862

* Joseph : 3 a.; Alexandre Duval; Méhul. — 21 janvier.

Mme Gay (mère de la célèbre Mme de Girardin, et auteur du livret du *Maître de chapelle*) présidait, dans les premières années de ce siècle, un salon littéraire qui était hanté par tous les beaux esprits d'alors. Un soir la conversation y tomba sur la tragédie d'*Omasis*, que Baour-Lormian venait de donner, et dont le sujet n'était autre que celui de « Joseph vendu par ses frères. » La question qu'on agitait était de savoir si dans un pareil drame on pouvait se passer du personnage de Mme Putiphar? Alexandre Duval tint pour l'affirmative, et s'engagea même à écrire en quinze jours un livret d'opéra-comique, dans lequel il n'y aurait pas un seul personnage féminin, et où il ne serait fait aucune allusion à l'amour profane. Le délai expiré, il lut le poème de *Joseph* devant la spirituelle assemblée. Méhul, qui était présent, s'en empara; et, tant l'inspiration des musiciens est capricieuse, c'est à travers ce fatras de rimes ridicules qu'il trouva la veine mélodique la plus riche. Les Allemands le savent bien, eux qui ont gardé ce chef-d'œuvre de Méhul au répertoire de tous leurs théâtres. — *Joseph* fut chanté pour la première fois, le 17 février 1807 (année de la *Vestale* et des *Rendez-vous bourgeois*). Les rôles étaient ainsi distribués : *Joseph*, Elleviou; *Jacob*, Solié; *Ruben*, Gaveaux; *Siméon*, Gavaudan; *Benjamin*, Mme Gavaudan. — Les interprètes au Théâtre-Lyrique étaient : Giovanni (*Joseph*); Petit (*Jacob*); Legrand (*Siméon*); Mᶥᶥᵉ Faivre (*Benjamin*). Le ténor Giovanni était un amateur du nom de B***, qui, après une trentaine de représentations, reprit à la Bourse son carnet de coulissier.

La Chatte merveilleuse : 3 a. et 9 t.; Dumanoir et Dennery; Albert Grisar. — 18 mars.

Sujet féerique dont les éléments étaient empruntés à la fable de *la Chatte métamorphosée en femme*, et au *Chat botté* de Perrault. — Spirituelle et sémillante partition de Grisar, chantée par Mme Cabel, Montjauze, Lesage et Mᶥᶥᵉ Moreau.

L'Oncle Traub : 1 a.; Zaccone et Valois; Delavault. — 11 avril.

Interprètes : Gabriel, Verdellet; Mmes Faivre et Zevaco. — Les deux librettistes sont des romanciers à succès; le compositeur est devenu un homme politique.

La Fille d'Egypte : 2 a. ; Jules Barbier ; Jules Beer. — 23 avril.

M. Jules Beer, riche Prussien, était le neveu de Meyerbeer; et il a prouvé par sa partition que l'auteur des *Huguenots* est un de ces oncles dont, musicalement parlant, on n'hérite jamais. — La pièce était visiblement imitée du roman de *Carmen*, de Prosper Mérimée. L'héroïne, qui avait été débaptisée, s'appelait Zemphira, et était représentée par Mlle Girard.

La Fleur du Val-Suzon : 1 a. ; Turpin de Sansay ; G. Douay. — 25 avril.

L'action de la pièce se passait du temps de la Fronde.—M. Turpin de Sansay a écrit un certain nombre de romans populaires. M. Georges Douay n'a plus reparu, que nous sachions, sur l'affiche d'un grand théâtre, mais il a fourni quantité d'opérettes aux scènes secondaires.

Le Pays de Cocagne : 2 a. ; Deforges ; Mlle Pauline Thys. — 24 mai.

Mlle Thys est une des rares personnes de son sexe qui, depuis Mlle Bertin (auteur d'*Esmeralda*), se soient avisées de mettre sur pied une partition d'opéra bonne ou mauvaise. Elle avait déjà donné aux Bouffes-Parisiens une opérette intitulée : *La Pomme de Turquie*. — Les deux principaux rôles du *Pays de Cocagne* étaient confiés à Mlle Baretti et au baryton Jules Lefort.

Sous les Charmilles : 1 a. ; Kaufmann ; Dautresme. — 29 mai.

M. Dautresme s'est présenté comme candidat républicain, le 20 février 1876, dans une des circonscriptions de la Seine-Inférieure; et il a été élu. Les musiciens comptent beaucoup sur l'appui qu'il peut leur prêter, lors du vote des subventions théâtrales par la Chambre des députés. — Ici finissent les travaux du Théâtre-Lyrique dans la salle du Théâtre-Historique; ils se soldent par un répertoire de *cent vingt-huit* opéras, tant anciens qu'inédits.

SALLE DE LA PLACE DU CHATELET

Le Grand-Châtelet était une forteresse, élevée de temps immémorial sur la rive droite de la Seine, et défendant l'entrée du « pont aux Eschangeurs, » qui menait à la Cité.

Le général Bonaparte fit démolir en 1802 cette bastille devenue inutile. Mais la pioche entama aussi quelques maisons environnantes, qui appartenaient aux rues Saint-Leufroy, de la Joaillerie, Trop-va-qui-dure et autres, dont l'alignement tortueux relevait d'une géométrie indépendante de la règle et du compas.

Le terrain déblayé devint celui de la place du Châtelet.

A prendre ce grand espace vide dans l'état où il était encore il y a vingt ans, et en nous postant à son point central, la figure tournée du côté de la Seine, nous avons :

A notre droite, le restaurant du « Veau qui tette, » où, en 1823, Rossini, traversant Paris pour la première fois, fut fêté dans un banquet auquel assistèrent Hérold, Auber, Lesueur, Boieldieu, Horace Vernet, Talma, Ciceri; Mlle Mars, Mlle Georges, Mlle Cinti, et tous les grands noms de l'art contemporain.

A notre gauche, un pâté de maisons difformes que traverse, dans un sens parallèle au quai de Gesvres, le cloaque sinistre où

s'est suicidé Gérard de Nerval, la ruelle fangeuse mais pittorès-
que de la Vieille-Lanterne, laquelle est coupée à angle droit par
la rue Saint-Jérôme, venant de la rivière et aboutissant à la Vieille-
Place-aux-Veaux.

C'est sur la croix formée par les rues Saint-Jérôme et de la
Vieille-Lanterne, que devait s'élever la troisième salle du Théâtre-Lyrique, lorsque l'édilité eut le caprice regrettable de supprimer la foire perpétuelle du boulevard du Temple.

Il fut donc décidé que le nouveau théâtre aurait sa porte principale sur la place du Châtelet ; ses façades latérales, dans l'alignement du quai de Gesvres et de l'avenue Victoria ; enfin, son
quatrième mur extérieur, sur une rue à créer, qui serait bap-
tisée Adam, pour perpétuer le souvenir du fondateur de la maison.

Cette rue existe, en effet, mais sous le nom d'Adam, tout court;
ce qui laisserait croire qu'elle a été édifiée en l'honneur de notre
premier père. Le prénom d'Adolphe, oublié à tort, eût suffit, et
amplement, à éviter toute confusion.

C'est vers la fin de l'été de 1862 que les travaux de construc-
tion du Théâtre-Lyrique furent terminés et livrés au propriétaire, qui était la Ville de Paris. L'architecte achevait en même
temps le théâtre du Châtelet, faisant pendant de l'autre côté de
la place, là même où Rossini avait reçu l'étrenne de ses triom-
phes parisiens.

L'œuvre de M. Davioud n'excita pas un grand enthousiasme.
La lourdeur, le prosaïsme, l'aridité de ses lignes extérieures ne
répondaient pas, en effet, aux conditions exigées d'un monument devant faire point de vue à la fois : sur un quai, un pont,
une place, un boulevard et un square. Toutes les critiques furent
résumées par un plaisant, armé de raison, prétendant que cette
masse carrée, avec le campanile du ventilateur qui la couronne,

ressemblait à une immense malle de voyage, surmontée d'un carton à chapeau.

Quant à l'idée mesquinement bourgeoise de pratiquer de petites boutiques au rez-de-chaussée de l'édifice, afin de s'en faire de petites rentes, elle n'eût été pardonnable qu'à une sous-préfecture besoigneuse, et non à la capitale la plus fastueuse du monde et la plus prodigue.

Il y avait plus à louer dans l'intérieur du monument, bien que l'on sentît partout la lutte engagée par l'architecte contre l'étroitesse du terrain concédé.

Le vestibule, trop exigu pour le style dans lequel il était traité, avait cependant bon air avec sa double rampe d'escalier taillée dans la pierre.

La salle proprement dite était aussi d'une grande richesse, et les ornements néo-grecs qui couraient sur les balustrades de ses cinq rangs de loges, formaient d'heureux entrelacements de lignes. Les avant-scènes pourtant ne présentaient qu'un amoncellement d'attributs dorés, où l'œil avait peine à trouver son chemin. Mais les spectateurs de ces places enviées souffrent trop de ne voir le spectacle que de profil, de n'entendre qu'une moitié de l'orchestre, de se brûler les yeux au feu de la rampe; aussi est-ce bien le moins qu'on leur donne des dédommagements d'amour-propre, en encadrant leurs personnes comme des tableaux de prix.

En somme, et malgré plus d'un détail bien trouvé dans le dessin de ses ornements, le Théâtre-Lyrique affichait ce luxe vaniteux dans lequel se complaisait la société d'alors, et plus particulièrement les nouveaux enrichis de Paris haussmannisé.

On jugerait mal de ses splendeurs criardes d'après la toilette plus modeste qui lui a été faite depuis l'incendie, où il a péri en 1871.

Mais les amateurs de spectacle eussent donné tout l'or du monde, y compris celui qui étincelait aux balustrades des loges, pour être assis plus à l'aise, car l'ébéniste qui avait fabriqué les fauteuils ne possédait, à coup sûr, aucune notion d'anatomi humaine.

La scène, au bas du rideau, était large de 11 m. 50. C'était exac tement la dimension de celle du Théâtre-Historique, soit un mètre de moins que celle du Cirque-Olympique. Et comme l'œil se trompe souvent dans l'appréciation de ces mesures, il est peut-être utile de rappeler que le rideau de l'Opéra a une largeur de 15 m. 60. Celui de l'Opéra-Comique a 11 m. ; celui de la Comédie-Française, 12 ; celui du Gymnase, 9 ; etc.

Ce qu'il y avait encore de plus particulier dans la salle de M. Davioud, c'était le plafond, fait d'un vitrage diversement coloré, et au travers duquel filtrait la lumière de quelques centaines de becs de gaz, placés dans les combles. Cette innovation ne fut pas du goût de tout le monde ; elle avait cependant pour avantage principal de supprimer le lustre et la chaleur qui en provient. Les plafonds lumineux n'ont donc pas fait fortune, et il n'en reste plus aujourd'hui qu'un spécimen qui fonctionne au Théâtre du Châtelet.

Le foyer du Théâtre-Lyrique, décoré de peintures arabesques d'un goût très-sobre, communiquait à ses extrémités, avec deux salons carrés, meublés sans aucune apparence de faste.

C'est le jeudi 30 octobre 1862 que la nouvelle salle fut inaugurée.

Il y eut ce soir-là non pas une représentation, mais un festival dans lequel furent chantés les meilleurs morceaux du répertoire de la maison. Nous nous souviendrons toujours d'avoir vu rangées sur le premier plan de la scène, Mmes Viardot, Miolan-Carvalho, Vendenheuvel-Duprez, Cabel, Faure-Lefebvre, et Girard, une constellation d'étoiles.

5

Pendant les semaines qui suivirent et jusqu'à la fin de l'année, les affiches du Théâtre-Lyrique ressemblèrent à ces drapeaux de régiment sur lesquels sont inscrits des noms de victoires. On y vit écrits tour à tour : *Orphée*, *l'Enlèvement au Sérail*, *Robin des Bois*, etc... Victoires, en effet, et dont M. Carvalho se plaisait à dresser la liste au moment où il entrait de nouveau en campagne.

1863

N. B. — Nous marquons du signe * les opéras empruntés par le Théâtre-Lyrique à d'autres scènes, françaises ou étrangères.

Ondine : 3 a. et 5 t.; Lockroy et Mestépès; Th. Semet. — 7 janvier.

Le premier opéra joué à la place du Châtelet était une féerie aquatique, sorte de flatterie aux naïades de la Seine que désormais le Théâtre-Lyrique aurait pour voisines. Le sujet était emprunté à un conte fantastique de Lamothe-Fouquet. Un rôle comique y était réservé à Bataille qui, après avoir été le Chevrier du *Val d'Andorre*, le don Belflor du *Toréador*, et le Pierre-le-Grand de l'*Étoile du Nord*, faisait sa dernière création dans l'*Ondine* qu'il ne pouvait sauver de l'insuccès. Par une bizarrerie du destin, Bataille devait cependant reparaître sur une autre scène : le gouvernement de la Défense nationale l'a fait sous-préfet d'Ancenis.

* Peines d'amour : 4 a.; Michel Carré et Jules Barbier; Mozart. — 31 mars.

Mozart, sur la commande de l'empereur Joseph II, avait composé et fait représenter à Vienne, en 1790, son opéra-bouffe de *Cosi fan tutte* (*Comme elles font toutes*). Mais le livret du signor da Ponte était trop insignifiant pour résister à l'épreuve de la traduction. Les arrangeurs français imaginèrent alors de sauver la musique du maître en l'appliquant à la comédie de Shakespeare : *Peines d'amour perdues*. C'est ce tableau rentoilé qu'on a exposé au Théâtre-Lyrique. Il n'y a pas fait grande figure, malgré le luxe des décors, et l'élégance des costumes taillés d'après les modèles de la Renaissance italienne. — *Le Prince*, Léon Duprez (fils du célèbre ténor) ; *Biron*, Petit ; *Rosaline*, Mme Cabel ; *la Princesse*, Mme Faure-Lefèvre ; *le Page*, Mlle Girard.

Les Fiancés de Rose : 1 a.; Adolphe Choler ; Mme Constance Valgrand. — 1er mai.

Le pseudonyme de Valgrand laissait transparaître le véritable nom de l'auteur. Plus hardie depuis, Mme la comtesse de Grandval a signé la partition italienne de *Piccolino* (représentée à Ventadour), et un oratorio intitulé *La Forêt*.

Le Jardinier et son Seigneur : 1 a. ; Théodore Barrière ; Léo Delibes. — 1er mai.

C'était la fable de La Fontaine suivie de point en point, revue pourtant et augmentée de l'inévitable aventure d'amour qui fait le fond de tous les opéras-comiques. (Voir plus haut *Maître Griffard*.)

*L'Épreuve villageoise : 2 a. ; Desforges ; Grétry. — 11 septembre.

Les personnages de cette petite bucolique à la mode de Louis XVI sont des « villageois » type intermédiaire qui aurait sa place entre le berger langoureux des pastorales du vieux temps, et le paysan rustaud que l'école réaliste aime à nous montrer dans sa vérité crue. Grétry a eu le génie de saisir ces nuances, et d'y assortir sa musique. La partition de l'*Épreuve villageoise* équivaut à un document sur l'époque qui l'a produite. Dans sa grâce attendrie, et avec ses tours de style volontairement naïfs, elle est la peinture exacte des gaietés champêtres que célébraient les arts frivoles, en l'année de « sensibilité » 1784. Aussi prendrait-elle toute sa valeur si on la chantait sous les ombrages du hameau factice de Trianon. C'est peut-être en vertu de cette même faculté d'assimilation, et avec cette même adresse à mettre ses mélodies à la couleur du temps, que, dix ans plus tard, Grétry, changeant de ton, donna *Denis le Tyran maître d'école à Corinthe*, et la *Rosière républicaine*, où l'exaltation révolutionnaire s'élève au paroxysme.

— Pourtant l'*Épreuve villageoise* n'eut qu'un succès fortuit : elle était faite (pièce et musique) des débris d'un opéra-comique intitulé *Théodore et Paulin*, que les auteurs avaient dû retirer après la première représentation. Mais c'est le cas de dire que les morceaux en étaient bons ! (Voir plus haut, sur le librettiste Desforges, l'article *Le Sourd ou l'Auberge pleine*) — La reprise du chef-d'œuvre de Grétry au Théâtre-Lyrique n'était que l'écho de celle qui avait été donnée quelques années auparavant, à l'Opéra-Comique. Mme Faure-Lefèvre y avait gardé son personnage de Denise, auquel elle prêtait toutes les finesses, et nous allions dire toutes les petites ruses de son talent.

Les Pêcheurs de Perles : 3 a. ; Cormon et Michel Carré ; Bizet. — 30 septembre.

Remise à neuf du sujet de *la Vestale* avec le lieu de l'action transporté dans l'Inde. — Le compositeur (prix de Rome de 1857) fut très-bien traité de la direction, qui voulut donner de l'éclat à son premier essai, en déployant un grand luxe de décors et de costumes; en lui donnant pour interprètes deux débutants de renom et de valeur : Ismaël et Mlle de Maësen. Mais le public ne put débrouiller l'énigme de la partition, dont les harmonies scabreuses et les mélopées indécises troublaient trop ses habitudes d'oreille. *Les Pêcheurs de perles* n'ont vécu que quelques soirs.

Les Troyens : 5 a. ; p. et m. H. Berlioz. — 4 novembre.

Depuis quinze ans le bruit s'était répandu que Berlioz traduisait l'*Énéide* en prose rimée et en notes de musique. Aussi le jour de la représentation des *Troyens* (*à Carthage*) était-il attendu de tous avec une curiosité anxieuse. On voulait savoir, à n'y plus revenir, si l'auteur de *Benvenuto Cellini* était un compositeur malheureux ou malencontreux, un génie incompris ou un rêveur incompréhensible ; s'il fallait le loger au Panthéon ou à Bicêtre. Car le dilettantisme en était là en 1863 ; et pourtant il y avait plus de trente ans que Berlioz était en évidence et qu'il disposait des moyens les plus puissants pour conquérir le succès. Il avait, en effet, obtenu le prix de Rome, en 1830 ; le gouvernement l'avait chargé d'écrire le *Requiem* en l'honneur des victimes de Juillet ; il était membre de l'Institut, chevalier de la Légion d'honneur, bibliothécaire du Conservatoire ; toute sa musique était gravée après avoir été exécutée avec retentissement par des orchestres et des chœurs nombreux ; il détenait en outre le feuilleton musical du *Journal des Débats*, excellent tremplin pour s'élancer vers la gloire. Eh bien ! la foule, cette même foule parisienne qui, depuis un demi-siècle, acclame les plus beaux chefs-d'œuvre de l'art, ne connaissait de Berlioz que sa personnalité débordante ; elle ignorait encore sa musique. — Ces *Troyens*, tant attendus, furent montés avec un soin extrême : Montjauze chantait le rôle d'*Énée*, Mᵐᵉ Charton-Demeur celui de *Didon* ; les décors, les costumes, les accessoires de scène étaient exécutés avec goût et magnificence. Pourtant, malgré toutes ces précautions, et en dépit des feuilletons chaleureux de Fiorentino, au *Moniteur* ; de [Léon Kreutzer, à *l'Union* ; de Gasperini, à *la Nation* ; de d'Ortigue, aux *Débats* ; de Franck-Marie, à *la Patrie* ; de M. Johannès Weber, au *Temps*... ; les *Troyens* n'eurent pas même le douloureux honneur de périr comme *le Tannhauser*, dans un ouragan ; ils moururent de langueur, après une vingtaine de représentations. Le public vota avec la presse opposante, représentée par Scudo, à la *Revue des Deux Mondes* ; A. Azevédo, à *l'Opinion nationale* ; M. Jouvin, au *Figaro* ; M. Ed. Rack, à *la France* ; Roqueplan, au *Constitutionnel*... et autres. Le destin fut sans pitié pour Berlioz qui avait été sans miséricorde pour Hérold, pour Rossini, pour Grétry, pour Verdi, pour tousles inspirés dont, apparemment, il trouvait les mélodies trop vertes et qu'il a vilipendés dans ses écrits.—Mais comme cette «affaire» des *Troyens* sera peut-être reprise plus tard par la grande histoire, nous voulons indiquer quelques sources auxquelles on pourra puiser. Voir une brochure satirique intitulée : *Les Troyens au Père-Lachaise,* par « feu Nantho, ex-timbalier-soliste, » (in-8°) ; une série de cinq lettres d'A. Azévédo publiée, à partir du 2 décembre 1863, dans *le Nain Jaune,* ainsi que de curieux et instructifs entreflets imprimés dans le même journal ; voir encore *le Figaro,* des 12 novembre et 27 décembre 1863 ; consulter aussi les gravures du *Monde illustré,* les dessins humoristiques de Cham dans *le Charivari,* du 22 novembre ; de Marcelin, dans *la Vie parisienne ;* de Grévin dans *le Journal amusant,* du 28 novembre... etc...

* **Rigoletto** : 4 a., Ed. Duprez, G. Verdi. — 24 décembre.

Un opéra plein de vie et de mouvement, riche en mélodies de franc jet et portant à toutes ses pages la marque d'un esprit fécond servi par une main d'artiste ; c'était un désinfectant trouvé à point pour chasser les miasmes laissés par *les Troyens.* Le succès fut considérable, se prolongea longtemps, et eut des regains fructueux. Il faut dire aussi que les chanteurs avaient très-bien saisi le sens de cette musique pittoresque et passionnée. Ismaël rendait le personnage du bouffon *Rigoletto* avec beaucoup de vigueur et de mordant ; Montjauze prêtait de la grâce et de l'élégance au *duc de Mantoue,* et Mlle de Maëscn avait des accents très-dramatiques au service de *Gilda ;* Wartel faisait *Sparafucile,* et Mlle Dubois *Maddalena.* — *Rigoletto* a été représenté pour la première fois au théâtre de la Fenice de Venise, le 11 mars 1851. Le livret de M. Piave était imité du drame de Victor Hugo, *le Roi s'amuse.* Ce n'est que six ans plus tard, en janvier 1857, que cette œuvre importante du maestro Verdi fut donnée à Paris, avec Corsi, Mario, et Mme Frezzolini.

1864

Mireille : 5 a., Michel Carré ; Ch. Gounod. — 19 mars.

Traduction et adaptation scénique de *Miréio*, poème provençal de M. Mistral. — Décors superbes et scrupuleusement exacts, représentant : les arènes d'Arles ; la plaine de la Crau ; le village de Saint-Rémy ; les marais de la Camargue ; etc... — Interprétation supérieure par Morini, Ismaël, Petit, Mmes Miolan-Carvalho et Faure-Lefèvre. — Pourtant *Mireille* n'eut qu'un nombre assez restreint de représentations. Alors les auteurs, remettant sur le métier leur ouvrage, le réduisirent à trois actes. Ils supprimèrent notamment la scène répugnante où l'on voyait des cadavres de noyés sortir des eaux du Rhône et défiler en procession au clair de la lune. Mais, par une compensation heureuse, ils ajoutèrent une valse chantée au rôle de Mme Carvalho. Cette nouvelle édition de *Mireille* fut offerte en décembre 1864, au public, qui l'accueillit froidement. — Enfin, l'opéra de M. Gounod reparut en 1875, à l'Opéra-Comique (avec les noyés) et n'obtint pas un meilleur sort.

*Norma : 3 a. ; Et. Monnier; Bellini. — 14 juin.

Le décret de la liberté des théâtres (annulant celui de 1807) était rendu, mais il ne devait avoir son effet qu'à partir du 1er juillet 1864. La direction du Théâtre-Lyrique apprenant qu'à cette date le Théâtre de la Porte-Saint-Martin donnerait *Norma*, voulut le devancer, et prouver, en montant aussi *Norma*, que son privilége avait encore quinze jours à vivre. — Une demoiselle Charry (qu'on n'a point revue) et Mlle de Maësen jouèrent les deux rôles de femme. — Mais ces représentations improvisées à la hâte, avec de mauvais décors et des costumes de rencontre, n'eurent aucune attraction sur le public. — *Norma* créée à la Scala de Milan, en 1831, était écrite sur un livret de Romani, imité de la tragédie française de Soumet (répertoire de l'Odéon). — Le Théâtre-Italien de Paris n'avait donné le chef-d'œuvre de Bellini que quelques semaines après sa mort, arrivée, comme on sait, en 1835, au village de Puteaux.

L'Alcade : 1 a. ; Emile Thierry et Denizet; Uzepy. — 9 septembre.

La pièce parut obscure, malgré les efforts de Gerpré et de Gabriel pour la tirer au clair devant le public. Après les retouches nombreuses et radicales opérées aux répétitions, il n'en restait plus qu'une énigme dont le mot n'a jamais été dit.

* Don Pasquale : 3 a. ; A. Royer et G. Waëz; Donizetti : — 9 septembre.

Donizetti composa ce chef-d'œuvre d'un goût si attique, ou, pour mieux dire, si parisien, à cinquante pas du boulevard, au n° 1 de la rue de Grammont. (Voir le livre de M. Léon Escudier, intitulé : *Mes Souvenirs*). La première représentation en fut donnée au théâtre Ventadour, le 4 janvier 1843, avec Mario, Tamburini, Lablache et Mlle G. Grisi. — Le livret rappelait la donnée générale du *Barbier de Séville ;* en tout cas, il était imité de celui de *Ser Marc'Antonio,* mis en musique par Pavesi (Milan, 1811) et par Pacini (Venise, 1824). — L'édition française du Théâtre-Lyrique différait en plusieurs points de mise en scène de celle du Théâtre-Italien : les costumes n'étaient plus modernes, mais appartenaient à l'époque de Louis XV; le premier acte se passait dans un jardin, et Don Pasquale faisait son entrée en chaise à porteurs; la scène des créanciers était remplacée par une scène de bal. — *Norine,* Mlle de Maësen ; *Don Pasquale,* Ismaël ; *le Docteur,* Troy (pour ses débuts); *Ernest,* Gilland (pour ses débuts aussi, après succès remportés dans un café-concert du Palais-Royal).

* Violetta : 4 a.; Ed. Duprez ; G. Verdi. — 27 octobre.

L'éclatant début de Mlle Christine Nilsson ne put qu'accentuer le succès, d'ailleurs certain, d'une des plus fortement inspirées et, à coup sûr, de la plus émue des partitions de M. Verdi. Les autres rôles étaient aussi tenus avec talent par Montjauze et Lutz. — La *Traviata*, dont *Violetta* était la traduction, avait elle-même été imitée de la *Dame aux Camélias*, de M. Alexandre Dumas fils, à cette différence près que, pour plus d'élégance dans les costumes, l'action se passait au commencement du xviie siècle. — C'est à Venise, en 1853, que la *Traviata* était chantée pour la première fois. En décembre 1856, elle fut importée sur la scène de Ventadour par la Piccolomini (nièce du cardinal de ce nom). Depuis deux ans, le *Trovatore* avait conquis Paris au maëstro Verdi, et notre dilettantisme, d'abord un peu revêche, ne lui marchandait plus les bravos.

Bégaiements d'amour : 1 a. ; de Najac et Ch. Deulin ; Albert Grisar. — 8 décembre.

Ce coquet marivaudage était pourtant destiné à la scène bouffonne du passage Choiseul. Il a été joué au Théâtre-Lyrique par Fromant et Mme Faure-Lefèvre ; mais il avait été répété aux Bouffes-Parisiens, avec de la musique de M. Leo Delibes, et les rôles en étaient distribués à Désiré et à Mlle Tautin (1858). — Grisar avait presque terminé sa carrière et sa vie ; il ne donna plus qu'une opérette aux Bouffes (*les Douze Innocentes*), puis il mourut subitement dans son domicile (rue de la Station, no 16, à Asnières), le 15 juin 1869. Il était né en 1808, à Anvers. — Les directeurs de théâtres semblent ignorer que l'auteur de *Gille Ravisseur* a laissé un certain nombre d'œuvres prêtes à entrer en répétition : *Riquet à la houppe* (trois actes) ; *le Parapluie enchanté* (féerie en trois actes et neuf tableaux) ; *Rigolo* (un acte) ; etc.....

Le Cousin Babylas : 1 a. ; Emile Caspers ; Henri Caspers. — 8 décembre.

Esquisse sans prétention, avec une musique légère et très-coulante.

1865

L'Aventurier : 4 a.; de Saint-Georges; prince Poniatowski. — 26 janvier.

Une de ces pièces espagnoles qui sont monnaie courante à l'Opéra-Comique,
un de ces romans d'aventures où les personnages ont nom Manoël, José,
Henrique, Inès, et dont le modèle-princeps (jamais égalé) est à coup sûr le
Gil Blas de Lesage. Seulement ce n'était pas en Espagne que l'aventurier
de M. de Saint-Georges se démenait, c'était au Mexique. Cette légère variante
semblait de rigueur au moment où les chroniques militaires de nos journaux étaient datées de Puebla, de la Vera-Cruz et de Mexico. — Le sénateur
prince Poniatowski, après une carrière de musicien assez remplie en Italie,
avait donné *Don Desiderio*, opéra-bouffe, au théâtre Ventadour; *Pierre de
Médicis*, à l'Opéra, et *Au travers du mur*, au Théâtre-Lyrique (Voir plus haut).

* **La Flûte enchantée** : 4 a.; Nuitter et Beaumont;
Mozart. — 23 février.

Mozart composa *la Flûte enchantée* en 1791, dans cette même année où il
écrivit *la Clémence de Titus*, et le *Requiem*. Il avait voulu venir en aide à
Schikaneder, directeur du théâtre An der Wien, qui était à la veille de faire
faillite. Dans sa générosité, il alla jusqu'à refuser tous droits d'auteur; il
poussa même la complaisance jusqu'à accepter comme livret une féerie qui
était de la façon de ce Schikaneder. La pièce était niaise et surtout décousue,
parce que l'impresario tenant la plume du poëte n'avait songé qu'à utiliser
tout ce qu'il possédait de matériel dans son théâtre en détresse, rimant,
pour ainsi dire, sous la dictée de son garde-magasin. Mais le génie ne s'arrête
pas à de telles considérations qui dépiteraient le simple talent; et Mozart
trouva le prétexte suffisant pour donner au monde émerveillé un chef-

d'œuvre de plus. *La Flûte enchantée*, exécutée à Vienne le 30 septembre 1791, obtint un succès sans exemple, qui se continua pendant cent vingt soirées consécutives. Mozart, après avoir conduit l'orchestre aux premières représentations, tomba malade, et mourut le 5 décembre suivant. Il n'avait pas accompli sa trente-sixième année. — *La Flûte enchantée* passa au répertoire de notre Opéra en 1801, sous le titre des *Mystères d'Isis*. La splendeur du spectacle autant que les beautés de l'œuvre mirent en émoi toute la société parisienne d'alors. Pourtant la musique avait été gravement endommagée par les retouches des sieurs Morel et Lachnith, audacieux personnages qui, pour cette profanation, méritent de passer à l'histoire avec le bonnet d'âne. (Voir *Vies de Haydn, de Mozart et de Métastase*, par Stendhal, p. 254 de l'édition in-18. Voir aussi notre livre intitulé *les Treize salles de l'Opéra*, pages 149 et 195.) — Le chef-d'œuvre de Mozart reparut en 1829, à la salle Favart, chanté par la troupe allemande de Rœkel. — Enfin le Théâtre-Lyrique monta très-dignement *la Flûte enchantée*, avec Mᵐᵉ Carvalho (*Pamina*); Mˡˡᵉ Nilsson (*la Reine de la nuit*); Mᵐᵉ Ugalde (*Papagena*); Michot (*Tamino*); Troy (*Papageno*); Lutz (*Monostatos*); Depassio (*Sarastro*). Les petits rôles étaient remplis par Fromant, Gilland, Péront, Petit, Gerpré, Mˡˡᵉˢ Daram, Wilhem, Peyret, Albrecht, Estagel, Fonti. Quant aux décors, ils étaient en grande partie ceux des *Troyens*, des *Pêcheurs de perles* et d'*Ondine*, qui n'avaient pas eu le temps de se défraîchir.

Les Mémoires de Fanchette : 1 a.; Nérée-Desarbres; le comte Gabrielli. — 22 mars.

La pièce mettait en action l'anecdote si connue de Dufresny épousant sa blanchisseuse pour lui payer sa note. — L'auteur de la musique, très patronné par la cour, avait fait jouer trois ballets à l'Opéra et un opéra-comique en trois actes, au théâtre Favart.

Le Mariage de Don Lope : 1 a.; Jules Barbier; Ed. de Hartog. — 29 mars.

Mᵐᵉ Faure-Lefèvre y chantait avec succès une chanson espagnole. — L'auteur de la musique appartient à la colonie hollandaise de Paris.

*Macbeth : 4 a.; Nuitter et Beaumont; G. Verdi. —
21 avril.

C'est au printemps de 1847, et sur le théâtre de la Pergola, de Florence,
que *Macbeth* fut chanté pour la première fois. Le maestro Verdi remania
profondément son œuvre avant de la faire entrer au répertoire du Théâtre-
Lyrique; il y ajouta plusieurs morceaux, entre autres des airs de ballet dont
l'originalité et la grâce piquante ont été très-appréciées. — Les principaux
rôles étaient tenus par Ismaël, Petit et Mme Rey-Balla. — Le drame de
Shakspeare a été traité plus d'une fois en musique. L'Opéra a donné, en
1827, un *Macbeth* de Chélard; dont les paroles étaient de Rouget de Lisle,
l'auteur de *la Marseillaise*.

Le Roi Candaule : 2 a., Michel Carré; Eugène Diaz. —
9 juin.

M. E. Diaz est le fils du célèbre peintre Diaz de la Pena. *Le Roi Candaule*
était son début au théâtre, mais il s'est manifesté une seconde fois dans des
circonstances plus solennelles. Le gouvernement ayant ouvert, en 1867, un
concours musical pour la composition de trois ouvrages destinés à l'Opéra,
à l'Opéra-Comique et au Théâtre-Lyrique, M. E. Diaz obtint le prix d'opéra.
Sa *Coupe du roi de Thulé* a été exécutée rue Le Peletier, en 1873. (*Le Florentin*,
de M. Lenepveu, et *le Magnifique*, de M. Philippot, couronnés aussi, ont vu
le jour sur les scènes auxquelles ils étaient destinés.)

*Lisbeth : 2 a.; J. Barbier; Mendelssohn. — 9 juin.

Livret traduit de l'allemand avec trop de fidélité pour ne pas être insi-
pide. Musique incolore, privée surtout de qualités scéniques, et qui (à l'ex-
ception du lied que chantait Mme Faure-Lefèvre) fut jugée indigne de l'auteur d'*Elie*, de *Paulus* et des deux symphonies *en la*. D'ailleurs Mendelssohn
n'a jamais pu faire figure au théâtre que dans le mélodrame, en ornant de
magnifiques morceaux d'orchestre et de chant, *le Songe d'une nuit d'été*, de

Shakespeare ; *Antigone*, de Sophocle ; *Athalie*, de Racine ; *Ruy-Blas*, de Victor Hugo... Mais il n'a pu s'élever au-dessus d'une honnête et insuffisante médiocrité dans ses opéras-comiques : *les Deux Pédagogues, les Comédiens en voyage, l'Oncle de Boston*, etc.

Le Roi des Mines : 3 a., Ernest Dubreuil; Cherouvrier. — 22 septembre.

Le sujet de la pièce était la révolution de Suède, qui au commencement du xvi⁰ siècle mit Gustave Wasa sur le trône. — M. Cherouvrier, auteur de la partition, possède en musique le grade honorable de deuxième prix de Rome. On a de lui nombre de messes et de morceaux religieux qui, après avoir été écrits pour la cathédrale du Mans, se sont aisément propagés dans les autres maîtrises. Il est aujourd'hui maire de Montrouge.

Le Rêve : 1 a., Chivot et Duru; Savary. — 13 octobre.

On a remarqué que le compositeur de ce petit acte n'avait pas employé le trombone dans son orchestre; pourtant la scène du *Rêve* se passait en Allemagne, où cet instrument est cultivé avec passion. Le trombone, qui n'est que notre saquebute du moyen âge, à peine modifiée, était oublié en France lorsque Gluck le restitua à nos orchestres.

*Martha : 4 a.; de Saint-Georges ; de Flottow. — 16 décembre.

Le seul des opéras allemands modernes qui ait fait le tour du monde avec un succès incontesté, et d'ailleurs légitime. Le sujet de la pièce a été traité plus d'une fois; du moins il diffère peu du *Ballet des Chambrières à louer* qui fut dansé au temps de Louis XIII, et de celui de *la Comtesse d'Egmont*, vaudeville relativement récent; il fait aussi le fond de *Lady Henriette*, ballet donné à l'Opéra en 1844, et dont le livret était de M. de Saint-Georges, la musique de MM. de Flottow, Burgmuller et Deldevez. — M. de Flottow, rentré en Allemagne, y fit arranger le livret de *Lady Henriette* dans la forme d'un opéra de demi-caractère, et en composa immédiatement la musique. Ainsi naquit *Martha*, qui fut chantée pour la première fois à Vienne, en 1847. — La traduction italienne en fut donnée au théâtre Ventadour avec Mario, Graziani, Zucchini, Mmes Saint-Urbain et Nantier-Didiée; la traduction française, au Théâtre-Lyrique, avec Michot, Troy, Wartel, Mlles Nilsson et Dubois. — Bien que né à Teutendorf, dans le Mecklembourg, M. de Flottow a plus d'une affinité avec Paris, où *tous* les théâtres de musique lui ont été hospitaliers. Sans parler de l'Opéra, de l'Opéra-Comique, des Italiens, du Théâtre-Lyrique et de l'Athénée, les Bouffes-Parisiens ont joué de l'auteur de *Martha*, une opérette intitulée *la Veuve Grapin*, et le théâtre Déjazet un intermède qui avait nom *Pianella*, et dont les paroles étaient celles de *la Servante-Maîtresse*. Il avait débuté sur le théâtre mondain de l'hôtel de Castellane, par *Pierre et Catherine*, opéra-comique en un acte. Cette manière d'invasion allemande, bien qu'excessive, a toujours été supportée de bonne grâce.

La Fiancée d'Abydos : 4 a.; Jules Adenis ; Barthe. — 30 décembre.

La direction du Théâtre-Lyrique avait ouvert un concours entre tous les prix de Rome restés inédits. Les cinq musiciens qui se présentèrent en lice furent MM. Paladilhe, Dubois, Barthe, Jean Conte et Samuel David. Le vainqueur, proclamé à l'unanimité, fut M. Barthe (prix de Rome de 1854). Pourtant sa partition, exécutée avec Mme Carvalho dans le principal rôle, n'eut pas un nombre de représentations proportionné au mérite que le jury lui avait reconnu. — La pièce était imitée du conte de lord Byron.

1866

Don Juan. 2. a.; X. X. (Trianon et E. Gautier?); Mozart.
— 8 mai.

Au printemps de l'année 1787, Mozart quittait Vienne et se rendait à Prague pour profiter de l'hospitalité que lui offrait son ami le comte de Thun. La capitale de la Bohême était alors sous le charme des *Noces de Figaro*, chantées par la troupe italienne du signor Bondini; aussi Mozart ne put se soustraire aux ovations dont on l'accablait de toute part. Point de fête sans lui, ni de soupers, ni de parties de campagne; les joueurs de sérénades étaient en permanence sous sa fenêtre. Il voulut fuir tant de plaisir; mais on le surveilla, on le retint, et il ne put obtenir sa grâce qu'en s'engageant à donner la primeur d'un opéra de sa composition à ses bons amis de Bohême. En effet, de retour à Vienne, il s'entendit immédiatement avec l'abbé Da Ponte pour bâtir un livret sur la donnée du *Dissoluto punito*, autrement de *Don Giovanni*, drame de Tirso de Molina. (Ce Da Ponte, coureur d'aventures à la manière de Casanova, n'est mort qu'en 1838, à New-York, âgé de quatre-vingt-dix ans. Il a laissé des mémoires, peu connus quoiqu'infiniment curieux.) Mozart esquissa son immortelle partition à Vienne et vint la terminer à Prague, travaillant d'abord dans une chambre à l'hôtel des « Trois Lions, » puis chez son ami le pianiste Dusseck. La première représentation en fut donnée, le 4 novembre 1787, par la troupe, médiocre mais très-zélée, de Bondini, qui avait attendu le retour du maître. Le succès fut très-vif; plus modéré l'année suivante à Vienne, et presque nul à Berlin. — *Don Juan* ne fit son entrée à l'Opéra de Paris qu'en 1805, *arrangé* pour les paroles par Thuring, général de brigade, et Baillot, sous-bibliothécaire du château de Versailles; pour la musique (!) par Chrétien Kalkbrenner. Ces messieurs s'étaient accordé toutes les licences, par exemple celle de faire chanter le « trio des masques » par trois basses! (Il y avait eu, en 1791, représentation à Feydeau d'un *Convitato di pietra*, de Gazzaniga, dans lequel Cherubini avait intercalé les principaux morceaux de l'opéra de Mozart.) — *Don Giovanni* apparaît pour la première fois en 1811, au Théâtre-Italien de Paris. Il est traduit en français par Castil-Blaze et représenté à l'Odéon en 1827, avec un dialogue parlé emprunté à Molière. Enfin il revient en 1834 à l'Opéra, avec un excellent livret de Castil-Blaze, de M. Blaze de Bury et d'Émile Deschamps. Les représentations du Théâtre-Lyrique, peu brillantes quant aux décors et aux costumes, furent cependant plus qu'honorables sous le rapport de l'exécution musicale. Les récitatifs avaient été supprimés, mais on avait rétabli le tableau final, connu seulement de quelques érudits, et dans lequel tous les personnages de la pièce se félicitent mutuellement de la catastrophe qui a emporté le traître. — Distribution : *Don Juan*, Barré ; *Leporello*, Troy ; *Ottavio*, Michot ; *le Commandeur*, Depassio ; *Mazetto*, Lutz ; *Anna*, Mme Charton-Demeur ; *Zerline*, Mme Carvalho ; *Elvire*, Mlle Nilsson. — Dans le même temps le chef-d'œuvre de Mozart était chanté au Théâtre-Italien et à l'Opéra (avec Faure). L'année 1866 peut être qualifiée d' « année des trois *Don Juan* ».

Les Joyeuses commères de Windsor: 3 a.; Jules Barbier; Otto Nicolaï. — 25 mai.

Le livret allemand, traduit par M. J. Barbier, était imité de la comédie de Shakespeare *The Merry wives of Windsor*. C'était comme qui eût dit une photographie d'après la lithographie d'un tableau. — La direction du Théâtre-Lyrique n'a pu être entraînée à faire chanter la médiocre et impersonnelle partition du prussien Otto Nicolaï que sur la foi de son agréable ouverture, qui courait les concerts depuis quelques années. — Ismaël jouait et chantait le personnage de *Falstaf* avec beaucoup de bonne humeur.

Le Sorcier : 1 a. ; p. et m. de Mme Anaïs Marcelli. — 13 juin.

Sous le pseudonyme d'Anaïs Marcelli se cachait une femme du monde (Mme la comtesse P.-P.) dont le salon est réputé pour l'hospitalité qu'y trouvent les plus hautes notabilités du monde de l'intelligence et des arts.

Les Dragées de Suzette : 1 a. ; Jules Barbier et Delahaye ; Hector Salomon. — 13 juin.

Le principal personnage était Mlle Sallé, la célèbre danseuse. — M. H. Salomon occupait alors l'emploi d'accompagnateur au Théâtre-Lyrique ; il est aujourd'hui maître du chant à l'Opéra.

1867

Déborah : 3 a. ; E. Plouvier et Adolphe Favre ; Devin-Duvivier. — 14 janvier.

La pièce, quoique tirée d'un roman de Walter Scott, fut jugée très-durement par le public ; et elle entraîna dans sa chute la partition, qui ne méritait par tant de disgrâce. — Interprètes : Puget, Lutz, Laurent, Mmes Talvo-Bedogni et Daram. — L'auteur de la musique était organiste dans un temple protestant. Il a conduit aussi l'orchestre des Délassements-Comiques, pendant le court séjour de ce théâtre dans la maison de la rue de Provence, qui faisait face à la rue Le Peletier (1862).

Sardanapale : 3 a. et 5 t. ; Henry Becque ; Victorin Joncières. — 8 février.

Adaptation à la scène lyrique du *Sardanapale* de lord Byron.—Principaux rôles chantés par Montjauze, Cazeaux et Mlle Nilsson.—M.V.Joncières, après avoir étudié la peinture dans l'atelier de Picot, s'est voué à la musique, et il faisait avec *Sardanapale* son premier début de compositeur dramatique. Il est titulaire du feuilleton musical de *la Liberté* où il défend avec intrépidité les principes de la « nouvelle école. »

6

Roméo et Juliette : 5 a. ; Jules Barbier et Michel Carré ;
Ch. Gounod. — 27 avril.

Le drame passionné de Shakspeare était fait pour tenter tous les musiciens,
encore que la plupart ne se soient pas montrés de force à en aborder le com-
mentaire. Parmi ceux qui ont poussé jusqu'au bout l'aventure, il convient
de citer Benda (dont l'opéra a été représenté à Gotha en 1772); Rumling (à
Keulsberg, en 1790); Dalayrac (à l'Opéra-Comique de Paris, en 1792; son
opéra est intitulé : *Tout pour l'amour !*); Steibelt (à Paris, Feydeau, en 1793);
Zingarelli (à Milan, en 1796); Vaccaj (à Milan, en 1825); Bellini (à Venise, en
1830, sous le titre de *I Capuletti ed i Montecchi*); Marchetti (à Trieste en
1865); etc..... Il faut compter encore *les Amants de Vérone* de M. Yrvid
(pseudonyme du marquis d'Ivry); en attendant les honneurs de la représentation sur un théâtre, la partition de cet opéra est gravée, et plusieurs morceaux en ont été entendus dans les concerts. — L'œuvre plus symphonique
que dramatique de M. Gounod a été maintenue sur l'affiche pendant toute
la durée de l'Exposition universelle. Elle était d'ailleurs montée, sous le rapport du matériel et du personnel, avec beaucoup de somptuosité et de goût
artistique. — Distribution : *Roméo*, Michot; *Juliette*, Mᵐᵉ Carvalho; *Capulet*,
Troy ; *Frère Laurent*, Cazeaux ; *le Page*, Mˡˡᵉ Daram; *Mercutio*, Barré. —
Mᵐᵉ Carvalho, avec son dévouement ordinaire pour la gloire de M. Gounod, a
depuis entraîné l'Opéra-Comique à une reprise de *Roméo et Juliette*. Le ténor
Duchesne lui donnait la réplique.

* **La Somnambule** : 3 a.; Étienne Monnier ; Bellini. —
14 juin.

Ce chef-d'œuvre de grâce, de sentiment élégiaque et d'expression dramatique a été composé au village de Moltrasio, sur le bord du poétique lac de
Côme. La première représentation en fut donnée au théâtre Carcano de Milan,
le 6 mars 1831 (neuf mois avant *Norma*). Rubini et Mme Pasta, qui en créèrent
les deux principaux rôles, vinrent les chanter sur le Théâtre-Italien de Paris,
au mois d'octobre de la même année. — La traduction française dont se servit

l'e Théâtre-Lyrique, était depuis longtemps adoptée par les scènes de pro-
viuce. — *Elvino*, Vitaux; *Amina*, Mlle Devriès (élève de Duprez); *Rodolphe*,
Lutz.

Les Bluets : 4 a.; Cormon et Trianon; Jules Cohen. — 23 octobre.

La scène au XVIme siècle, dans le royaume de Castille. —Mlle Nilsson, avant
de prendre possession du rôle d'Ophélie, à l'Opéra, fit dans *les Bluets* sa
dernière création au Théâtre-Lyrique. — L'auteur de la musique était en
ce temps-là inspecteur de la Chapelle des Tuileries.

Cardillac : 3 a. et 4 t.; Nuitter et Beaumont; Lucien Dautresme. — 11 décembre.

Avant d'être présenté au public, cet opéra a passé par des vicissitudes
dont les journaux du temps ont rendu compte dans leurs chroniques judi-
ciaires. — La pièce était tirée d'un conte d'Hoffmann qui avait déjà servi de
sujet à un drame du répertoire de Frédérick-Lemaître. — Interprètes : Ismaël,
Bosquin, Barré, Wartel, Mlle Duram. — (Voir plus haut, *Sous les Charmilles.*)

La Jolie Fille de Perth : 4 a. et 5 t.; de Saint-Georges et Jules Adenis; G. Bizet. — 26 décembre.

Les romans de Walter Scott, très-explorés et exploités par les librettistes, ont eu des fortunes diverses à la scène. Pour *la Prison d'Edimbourg*,
la Dame Blanche et *Lucie de Lammermoor* dont l'heureuse destinée est connue, on en compte vingt autres auxquels le public fit sa mine la plus froide.
La Jolie fille de Perth fut de ce nombre ; et les efforts de Lutz, de Massy, de
Barré, de Mlle Devriès ne purent sauver ni la pièce ni la partition.

1868

* **L'Irato** : 1 a.; Marsollier ; Méhul. — 16 novembre.

L'*Irato* ou l'*Emporté*, comme on affichait en 1801, lors des premières
représentations, était une pantalonnade à la mode italienne, *una farza* que
ces auteurs avaient composée pour l'amusement du Premier Consul. Ils ne
voulurent point se nommer tout d'abord, laissant courir le bruit que leur
œuvre était traduite de l'italien. Bonaparte, le critique Geoffroy, et à leur
suite tout Paris, tombèrent dans cet innocent piége, qui était renouvelé des
Troqueurs de 1753. Pour s'en garer, ils n'auraient eu cependant qu'à regar-
der de plus près le personnage de l'Irato, caricature forcée, mais ressem-
blante, du peintre Ducreux, dont la personnalité tenait une certaine place
dans la société parisienne d'alors. — En dépit du mérite de la musique,
particulièrement du quatuor qui est resté classique, l'*Irato* n'eut au Théâtre-Lyrique qu'une seule représentation; encore fallut-il passer plusieurs
morceaux, pour hâter le dénouement et éviter les bourrades d'un public
impatient. La vérité est que, depuis le règne de l'opérette aux libres allures,
les chanteurs de nos grands théâtres se croient tenus à beaucoup de réserve
et de noblesse dans leur jeu, comme si le rire du parterre dût attenter à
leur dignité. Ceux qu'on avait chargés de ragaillardir la vieille plaisanterie
de l'*Irato* s'étaient habillés de costumes raisonnables, dédaignant les accou-
trements burlesques de la création; dans ce même sentiment circonspect,
qui faussait l'esprit de l'œuvre, ils prirent trop lentement tous les mouve-
ments de la musique, et débitèrent le dialogue avec prétention et lourdeur.
Si bien qu'au lieu d'assister à une résurrection, nous avons suivi un enter-
rement. — Voir dans l'*Art Musical* du 29 décembre 1864 un intéressant
mémoire de M. E. Thoinan par lequel se trouve réfutée la légende qui attri-
buait la musique de l'*Irato* à Mlle Rose Ducreux.

* **Iphigénie en Tauride** : 4 a.; Guillard ; Gluck. —
26 novembre.

La première représentation à l'Opéra est du 18 mai 1779. Le succès en fut considérable, et assura à Gluck la victoire sur Piccini qui le tenait en échec depuis plusieurs années. Le rôle d'Iphigénie était dévolu à Mlle Rosalie Levasseur. — Interprètes du Théâtre-Lyrique : Mme Lacaze, Lutz, Bosquin, Aubery. — (Voir plus haut *Orphée*; consulter aussi *les Gluckistes et les Piccinistes*, de M. Desnoireterres, et *les Iphigénies de Gluck*, par M. F. de Vil'ars ; Paris, gr. in-8°; 1868.)

1869

En prison : 1 a.; de Sède et Boverat ; Ernest Guiraud. — 5 mars.

Un opéra de salon perdu sur une trop grande scène et qui était loin de révéler les qualités dont le musicien a fait preuve depuis (notamment dans *Madame Turlupin* et dans *Piccolino*). M. Ernest Guiraud est le prix de Rome de l'année 1859 ; son père avait obtenu la même distinction en 1827. C'est le seul exemple connu de cette sorte d'hérédité.

*Rienzi : 5 a. ; Nuitter et Guillaume ; Richard Wagner. — 6 avril.

Meinherr Wagner avait vingt-six ans lorsqu'il arriva à Paris, en 1839. Il y séjourna jusqu'en 1842, demeurant successivement rue de la Tonnellerie, illustrée par la naissance de Molière, rue du Helder et à Meudon. Ce qu'il venait chercher, c'était la fortune et la gloire, minimum de l'ambition des Allemands, quand ils quittent leur aride « vaterland » et qu'ils s'abattent sur une terre étrangère. Mais il ne trouva à vivre que des bienfaits de Meyerbeer (qu'il insulta depuis) et de quelques éditeurs qui eurent la bonté de lui commander de menus ouvrages d'arrangement. Il réduisit notamment pour piano et chant *la Favorite, le Guitarrero* et *la Reine de Chypre*. Il écrivit aussi quelques couplets pour un vaudeville des Variétés intitulé *la Descente de la Courtille*. Cependant son *Rienzi,* qu'il venait d'achever, était refusé par le directeur de l'Opéra. Alors commença à germer dans ce qui sert de cœur à meinherr Wagner cette haine de sauvage qu'il a vouée à la France, et dont il faisait parade dernièrement dans une comédie de sa façon intitulée : *Une Capitulation.* Il faut lire le scenario de cette farce repoussante dans *les Prussiens en Allemagne,* le livre si patriotique et si consolant de M. Tissot. *Rienzi,* porté à Dresde, y fut chanté vers la fin de 1842. Il nous est revenu vingt-sept ans plus tard, et la direction du Théâtre-Lyrique a fait des efforts considérables pour en assurer le succès. Les décors, les costumes, la danse, la figuration, tout était monté sur un pied de luxe inusité. On avait poussé le soin jusqu'à pratiquer de larges coupures dans la partition pour la rendre plus digestible aux oreilles parisiennes. Cependant *Rienzi* disparut après une vingtaine de représentations pénibles. Le public n'eut pas même de colère contre une musique médiocre mais conçue d'après les procédés acceptés par toutes les écoles, et qui, malgré son vacarme, n'était pas assez wagnérienne pour provoquer des haut-le-cœur. Personne ne s'y trompa et ne voulut prendre pour du grand art ce qui n'était que du gros art.

Don Quichotte : 3 a.; Jules Barbier et Michel Carré ; Ernest Boulanger. — 10 mai.

L'abbé de Laporte, annaliste théâtral, écrivait, il y a déjà un siècle : « On a remarqué que les *Don Quichotte* et les *Sancho* n'ont jamais fait grande fortune au théâtre. » Mais les poètes dramatiques, bien avertis du mauvais sort qui s'attachait à leur besogne de dépeçage, ne se sont pas découragés. Ils ont continué à promener leurs ciseaux à travers les pages du roman de Cervantès et sans jamais réussir à transborder l'esprit du livre sur la scène. Les musiciens n'ont pas été plus heureux. Il n'en existe pas moins un nombre considérable d'opéras, d'opéras-comiques et de ballets inspirés de *Don Quichotte.* A ne citer que les principaux, en les désignant par le nom du compositeur, leur date et le lieu où ils ont été représentés, nous avons cette

listé déjà longue : Foertsch (en Allemagne, 1690); Purcell (Londres, 1694);
Gilliers (Paris, Foire Saint-Laurent, 1727); Boismortier (Paris, Opéra, 1743);
Philidor (Paris, Comédie-Italienne, 1762); Miati (Venise, 1810); Bochsa
(Paris, Opéra-Comique, 1815); Mendelssohn (Berlin, 1824); Merca-
dante (Paris, Odéon, 1825); Mazzucato (Milan, 1836); Macferren (Londres, 1846), etc. Il faut compter encore les *Noces de Gamache*, ballet de Le-
fèvre, qui se dansait à l'Opéra le soir même où était assassiné le duc de
Berri. Le *Don Quichotte* du Théâtre-Lyrique fut accueilli avec bienveillance,
sinon avec faveur. La pièce était dénuée d'intérêt et de mouvement ; elle
ne présentait qu'une série de scènes mal cousues les unes aux autres, et qui
passaient devant l'œil du spectateur comme des verres de lanterne magique. La partition de M. E. Boulanger (prix de Rome de 1835) ne manquait
ni de grâce, ni de gaîté, mais elle ne put compenser les défauts du livret.—
Distribution : *la Duchesse*, Mlle Priola ; *Sancho* (sur son âne), Meillet ; *Don
Quichotte* (à pied), Giraudet, etc...

Le Dernier Jour de Pompéi : 4 a.; Nuitter et Beaumont ; V. Joncières. —21 septembre.

Un échec complet. Le roman anglais de Bulwer, arrangé en livret d'opéra,
distillait un tel ennui que l'inspiration du compositeur s'en est trouvée pa-
ralysée. Le public ressentit aussi ces influences soporifiques. Vers la fin
de la soirée, il se réveilla pourtant dans un éclat de rire à la vue d'un
petit bateau mécanique qui passait à l'horizon avec des matelots grands
comme le doigt, et ramant de toute la force de leurs ressorts. On pense
bien que le metteur en scène s'empressa de supprimer ce joujou comme
trop amusant pour figurer dans un opéra-seria. D'autres changements
furent faits à l'œuvre, et M. Pasdeloup, alors directeur du Théâtre-
Lyrique, eut la courtoisie de convoquer à nouveau la presse pour la cinquième représentation, « la première, avouait-il lui-même dans une circu-
laire, ayant été donnée dans les plus fâcheuses conditions ». Mais la partie
n'en était pas moins perdue.

* Le Bal masqué : 4 a.; Edouard Duprez; G. Verdi. — 17 novembre.

Un *Ballo in maschera* avait été d'abord répété au théâtre San-Carlo de Naples. Mais devant les taquineries de la censure, les auteurs durent retirer leur opéra et le porter au théâtre Apollo, de Rome. Il y fut chanté, en effet, dans le courant de l'année 1859. Pourtant l'autorité ecclésiastique avait eu aussi ses exigences : le livret étant imité de celui de *Gustave III*, de Scribe, et mettant en scène l'assassinat d'un roi, la censure romaine jugea qu'il suffisait de tuer M. le comte de Warwick, gouverneur de la ville de Boston. Ce changement du lieu de l'action et de la qualité des personnages (dont la tradition ne s'est d'ailleurs pas maintenue) fut indifférent au succès de l'œuvre. La musique couvrait tout. — Ce fut le 13 janvier 1861 que le *Ballo in maschera* entra dans le répertoire de notre Théâtre-Italien, présenté par Mario, Graziani, Mmes Penco, Alboni et Battu. En raison de leur succès, les opéras de M. Verdi ne mettaient plus que deux ans à passer le Mont-Cenis. — Distribution au Théâtre-Lyrique : *Riccardo*, Massy; *Renato*, Lutz ; *Amalia*, Mme Meillet; *Oscar*, Mlle Daram.

* La Bohémienne : 4 a. et un pr.; de Saint-Georges; Michel-Guillaume Balfe. — 30 décembre.

Le sujet mélodramatique de cet opéra est celui du ballet de *la Gipsy*, dansé à l'Opéra en 1839, et dont la musique était de MM. Benoist, Ambroise Thomas et Marliani. Un librettiste anglais en avait fait un opéra-comique taillé à la mode française. M. Balfe en écrivit la musique qui fut chantée à Londres au printemps de 1844. *The Bohemian Girl*, devenue *la Bohémienne* après traduction, avait déjà couru la province avant d'arriver au Théâtre-Lyrique, où elle fut écoutée avec intérêt. Il en est resté une romance du tour le plus heureux et qui valut un réel succès à Mme Brunet-Lafleur. — Balfe est un des rares compositeurs anglais dont la musique ait passé le détroit. Il est né à Limerick (Irlande), en 1808. Cependant une partie de sa vie d'artiste s'est passée en Italie. Son premier opéra, *I Rivali*, a été chanté à Palerme en 1830. Depuis, il a donné *Enrico IV al passo de la Marna* (Milan, 1833); etc... et à notre salle Favart : *le Puits d'Amour* (1843) et *les Quatre Fils Aymond* (1844).

1870

Charles VI : 5 a. ; Casimir et Germain Delavigne ; F. Halévy. — 5 avril.

Première représentation à l'Opéra le 15 mars 1843, avec : Duprez, *le Dauphin* ; Baroilhet, *Charles VI* ; Levasseur, *Raymond* ; Poultier, *Gontran* ; Mme Dorus-Gras, *Isabeau de Bavière* ; Mme Stolz, *Odette*, etc. — Au Théâtre-Lyrique : Massy, Lutz, Giraudet, Coppel, Mlle Daram et Mlle Bloch (cette dernière *prêtée* par l'Opéra, comme on dit dans le jargon des coulisses). — La date des représentations de *Charles VI* au Théâtre-Lyrique donne à songer... Le hasard, ou plutôt un destin judicieux, avait permis qu'au printemps de « l'année terrible », ces paroles réconfortantes vinssent frapper nos oreilles :

> La France a l'horreur du servage ;
> Et si grand que soit le danger,
> Plus grand encore est son courage,
> Quand il faut chasser l'étranger !

Cette « horreur du servage » et ce « courage » (hélas ! malheureux), étaient des vérités, dont la preuve allait se faire, dans quelques semaines, sur une scène de la dimension de trente départements ! — Et plus loin, une autre strophe qui, Dieu merci ! a aujourd'hui la valeur d'une prophétie accomplie :

> Réveille-toi, France opprimée ;
> On te crut morte, et tu dormais :
> Un jour voit mourir une armée,
> Mais un peuple ne meurt jamais !

La reprise de *Charles VI*, longtemps interdite par la censure, venait donc à propos, car les sentiments exprimés avec tant de chaleur dans cet opéra patriotique devaient bientôt nous entrer au cœur. C'était de l'actualité un peu anticipée, très-opportune cependant; et si l'ennemi n'était pas le même dans la fiction théâtrale que dans la réalité prochaine, il s'agissait toujours de la France opprimée!

FIN DU RÉPERTOIRE.

Nous ne pousserons pas plus loin cet inventaire. La date à laquelle nous sommes parvenu est celle d'événements d'un autre ordre... (!!) Après être resté fermé durant tout le siége de Paris, et avoir été incendié pendant la guerre civile de 1871, le Théâtre-Lyrique (qui est aujourd'hui reconstitué) a eu des résurrections partielles. Mais ces faits sont encore trop récents pour qu'il soit nécessaire de les étudier en détail. Nous ne pouvons qu'en donner le croquis dans le chapitre qui va suivre.

APPENDICE

APPENDICE

Depuis sa fondation jusqu'à sa fermeture et à l'incendie de sa salle de la place du Châtelet (de novembre 1847 à la guerre et à la Commune), le Théâtre-Lyrique a représenté *cent quatre-vingt-deux* opéras, donnant un total de *quatre cent cinq* actes.

```
Salle du Cirque...........   8 opéras
    »  du Th.-Historique .... 128   »
    »  de la pl. du Châtelet..  46    ·
                          -----
                          182   »  { inédits  121 = 249 actes.
                                   { anciens   61 = 156   »
                                                 -----
                                                 405
```

En classant ces opéras par genres, nous avons :

```
Grands opéras. ..................................    24
Opéras-comiques.................................... 112
Opéras-ballets .....................................    4
Levers-de-rideau, prologues, etc...................   42
```

Mais les trois salles exploitées par le Théâtre-Lyrique sont échelonnées chronologiquement suivant un ordre décroissant de *fertilité*.

Il a été monté (approximativement) :

```
1 acte par  7 jours à la salle du Cirque ;
 »    »    12    »    »  du Théâtre-Historique;
 »    »    18    »    »  de la pl. du Châtelet.
```

Cependant il convient de remarquer que le manque d'activité d'un théâtre peut provenir de la constance et de la longévité de ses succès.

*
* *

Ce répertoire a été partagé ainsi entre les auteurs :

Compositeurs : Ad. Adam, 14 pièces ; — Weber, 6 ; — M. Eugène Gautier, 6 ; — Mozart, 5 ; — Clapisson, 5 ; — M. Gounod, 5 ; — M. Verdi, 4 ; — Grisar, 4 ; — etc... (N'ont eu qu'un opéra de représenté : Beethoven, Boieldieu, Monsigny, Auber, Mendelssohn, Félicien David, M. Ambroise Thomas, etc...)

Librettistes : Michel Carré, 22 pièces ; — M. de Leuven, 21 ; — M. Jules Barbier, 19 ; — de Saint-Georges, 14 ; — Brunswick, 11 ; — M. Nuitter, 9 ; — M. Dennery, 7 ; — M. Arthur de Beauplan, 5 ; — M. Deforges, 4 ; — Scribe, 4 ; — M. Philippe Gille, 3 ; — etc...

*_**

Le Théâtre-Lyrique a été un centre très-actif de production ; il a fait honneur à son programme qui était de ressusciter les morts, sans tuer les vivants. Et parmi les compositeurs contemporains, dont il a ouvert ou facilité la carrière, on peut citer :

MM. Barthe, Cherouvrier, Félicien David, Dautresme, Debillemont, Deffès, Delibes, Diaz, E. Gautier, Gevaërt, Gounod, Hignard, Joncières, de Lajarte, Maillart, Poise, Reyer, Semet, Varney, Vogel, Wekerlin, etc...

*_**

Si nous classons par nationalités les compositeurs inscrits au répertoire du Théâtre-Lyrique, nous avons :

Musiciens anglais............... 1 opéra.
—   hollandais............ 1 —
—   belges............... 9 —
—   italiens .... 15 —
—   allemands............ 18 —
—   français............. 138 —
                                ─────
                                182 —

*_**

Voici le total des recettes du Théâtre-Lyrique, d'après les registres authentiques de la Société des auteurs et compositeurs dramatiques :

Années.	Recettes.
1847 (depuis le 15 novembre seulement)	116.292 f. 50 c.
1848 (jusqu'à fin mars. Fermeture)	86.445 60
1849	
1850 } Relâche	» »
1851 (Depuis le 27 sept. Réouverture)	134.869 50
1852	329.335 15
1853	542.973 25
1854	457.754 95
1855	637.589 25
1856	680.962 75
1857	831.211 95
1858	849.214 60
1859	682.933 70
1860	588.645 90
1861	469.410 85
1862	478.989 20
1863	862.450 »
1864	960.798 50
1865	903.308 25
1866	1.000 448 60
1867	1.396.834 35
1868	387.968 40
1869	407.807 70
1870 (jusqu'aux vacances de juin)	175.146 50

Total......... 12.981.391 f. 45 c.

Ces *douze millions neuf cent quatre-vingt-un mille trois cent quatre-vingt-onze* francs *quarante-cinq* centimes encaissés par le Théâtre-Lyrique ne sont évidemment pas le prix de ses efforts. Aussi éprouvons-nous quelque tristesse à faire de semblables révélations.

En prenant ses années à trois cents jours (après défalcation des vacances et des relâches) et en tenant compte des exercices 1847, 1848, 1851 et 1870, qui sont incomplets, nous arrivons à un total approximatif de :

5,670 représentations.

Si maintenant nous faisons de ce nombre le diviseur du total des recettes, nous obtiendrons comme moyenne :

2,289 fr. de recette quotidienne.

Il est vrai que les frais ont été variables, et que dans les dernières années le Théâtre-Lyrique a touché de l'État une subvention de 100,000 fr. (qui provenait de l'abandon qu'en avait fait le directeur du Théâtre-Italien).

Pourtant, dans les finances du Théâtre-Lyrique, la balance s'est trop souvent faite aux dépens de ses directeurs, de ses commanditaires, ou même de ses créanciers.

L'inégalité des chiffres alignés plus haut pourrait donner lieu aussi à d'amples commentaires. Bornons-nous à remarquer que les années de grosses recettes correspondent presque toujours à l'exhibition de quelque œuvre capitale sérieuse ou légère ; ce qui fait honneur à l'instinct artistique du peuple de Paris.

En 1853, les *Amours du Diable* et le *Bijou perdu*; — 1856, la *Fanchonnette*; —1857, *Obéron*; — 1858, les *Noces de Figaro*; — 1864, *Violetta*; — 1865, la *Flûte enchantée*; etc.

Cependant 1859, qui est l'année de *Faust* (et d'*Orphée* pour les dernières semaines), est en baisse sur l'année précédente de plus de 166,000 fr. Elle ne donne qu'une moyenne quotidienne de 2,276 fr.

Quant à 1855 et à 1867, il est évident que leur plus-value provient de l'affluence des étrangers à l'occasion des expositions universelles.

*
* *

Le Théâtre-Lyrique a eu successivement pour directeurs :

AD. ADAM et A. MIRECOUR........................	15 novembre	1847
EDMOND SEVESTE........................	27 septembre	1851
JULES SEVESTE........................	1er mars	1852
•EMILE PERRIN........................		1854
PELLEGRIN........................	1er octobre	1855
CARVALHO	20 février	1856
CH. RETY........................	1er avril	1860
CARVALHO........................	4 octobre	1862
PASDELOUP	1er septembre	1868
LES ARTISTES EN SOCIÉTÉ........................	1er février	1870
MARTINET........................	1er juin	1870

La plupart de ces noms sont connus du lecteur. Nous n'avons pas à revenir sur ce que nous avons déjà dit d'Adolphe Adam et d'Achille Mirecour, fondateurs du Théâtre-Lyrique. Les frères Seveste avaient eu longtemps l'entreprise de tous les petits spectacles de la banlieue. M. Emile Perrin, nanti du privilége de l'Opéra-Comique en 1848, ne s'en est point dessaisi pendant sa direction du Théâtre-Lyrique; il a été depuis, comme l'on sait, directeur de l'Opéra, et il est aujourd'hui administrateur général de la Comédie-Française. M. Carvalho, élève des classes de chant du Conservatoire, avait chanté l'emploi des barytons à l'Opéra-Comique ; il vient de rentrer à ce théâtre comme directeur. M. Rety était secrétaire de M. Carvalho du temps de sa première direction ; il est aujourd'hui rédacteur au *Figaro*. M. Pasdeloup a attaché son nom à la belle et utile création des « Concerts populaires de musique classique, » qui, depuis 1860, justifient leur nom par l'empressement que met le public à s'y porter. M. Martinet avait fondé la petite scène musicale des Fantaisies-Parisiennes, au boulevard des Italiens, puis l'avait transportée dans le théâtre souterrain de l'Athénée, situé rue Scribe. Il venait d'obtenir le privilége du Théâtre-Lyrique, avec une subvention de 100,000 francs, lorsque la guerre éclata.

*
* *

Pendant toute la durée du siége, le Théâtre-Lyrique resta fermé, obéissant à un arrêté que la Préfecture de police avait pris dès les premiers jours de septembre.

Mais aussitôt l'armistice signé (28 janvier 1871), M. Martinet reprit possession de ses droits. Il rassembla une troupe et mit en répétition : *la Dame Blanche*, *Si j'étais roi*, *l'Esclave*, de M. Membrée, et *les Brigands* de Verdi, avec l'excellente traduction française que M. Jules Ruelle en avait déjà donnée à l'Athénée.

La réouverture était affichée pour le 2 avril... quand survint la révolution du 18 mars.

7

Il semblait que M. Martinet, avec un litre officiel dans sa poche, ne dût jamais régner, empêché par les événements, et qu'il serait le Louis XVII du Théâtre-Lyrique.

*
* *

Pendant la Commune, la salle de la place du Châtelet entrebâilla plusieurs fois sa porte ; « la Fédération artistique » y donna quelques concerts.

Enfin, c'est le mercredi 24 mai 1871 que l'édifice bâti par M. Davioud, et qui avait coûté trois millions à la Ville, périt dans les flammes.

Il était environ neuf heures du matin. La lutte était engagée dans les rues depuis le lundi. Déjà les troupes régulières s'étaient emparées de la partie ouest de Paris, depuis la porte Maillot jusqu'à la Bourse. Le corps du général de Cissey s'avançait sur la rive gauche et menaçait Notre-Dame ; celui du général Vinoy, au centre, avait dépassé le Louvre ; et celui du général Douay prenait position à la Pointe Saint-Eustache. Une attaque était imminente sur le quartier du Châtelet ; les projectiles y tombaient depuis le matin.

Les choses en étaient là lorsque (d'après nos renseignements pris sur place) une épaisse fumée sortit du Théâtre-Lyrique par la dernière fenêtre de droite de sa façade. Le feu venait de se déclarer dans le petit salon qui occupe le coin du bâtiment formé par le boulevard de Sébastopol et le quai de Gesvres.

Ce jour-là, justement, le vent soufflait du sud-ouest. Bientôt le fléau gagna le foyer du public, s'arrêtant à l'avant-dernière fenêtre du côté nord.

Puis la flamme, traversant le couloir des premières loges, envahit la salle, la scène et ses dépendances, qu'elle anéantit complétement.

M. Martinet, qui avait déjà meublé son cabinet directorial, fit des pertes sensibles. Sa bibliothèque et plusieurs tableaux de prix furent brûlés.

Mais, par un hasard singulier, le feu ne pénétra pas dans la partie des combles situés du côté de la rivière, et qui contenait, avec le magasin des costumes, toutes les archives du théâtre, partitions, brochures, registres et papiers d'administration.

Pas un verre d'eau ne fut jeté sur le brasier.

. . . .

.... Ici nous pourrions clore la série de ces notes ; mais un incendie n'est pas une apothéose finale ; et d'ailleurs nous retrouvons encore sur notre carnet quelques renseignements qui, tout en étant agréés du lecteur, pourront devenir des matériaux pour l'historien définitif du Théâtre-Lyrique, si jamais il se met à la besogne.

*
* *

Après le sinistre, M. Martinet, qui ne s'était point dessaisi de son privilége, se mit en quête d'une salle où il pût l'exploiter. Celle de l'Ambigu était disponible ; des pourparlers furent engagés ; mais le bail ne se signa pas, et M. Martinet, avec une subvention réduite à 60,000 francs, dut retourner dans les catacombes de l'Athénée, où gisaient déjà les restes inanimés de tant de partitions.

Il joua *Sylvana*, de Weber ; *le Docteur Crispin*, des frères Ricci ; reprit *Martha*, de M. de Flotow ; *Ne touchez pas à la Reine*, de M. X. Boisselot, etc... Mais après cette campagne, aussi honorable qu'elle fut peu fructueu-e, il abandonna son théâtre à M. Jules Ruelle.

*
* *

Sans être officiellement directeur du Théâtre-Lyrique, M. Ruelle toucha du ministère un subside mensuel de 6,000 francs pendant les six premiers mois de sa gestion. Dès la seconde année, il fut livré à ses propres forces et dut lutter contre des difficultés sans nombre. Après quoi il tomba, pour s'être obstiné à donner des opéras-comiques sur une scène que ses dimensions semblent réserver à l'opérette.

Aucune entreprise théâtrale ne fut d'ailleurs plus hospitalière aux musiciens militants, et dans un temps aussi court n'en présenta un plus grand nombre au public.

Pour ne citer que les lauréats de l'Institut, M. Ruelle accueillit M. Ernest Guiraud qui lui apportait *Madame Turlupin ;* M. Dubois avec *la Guzla de l'Émir ;* M. Ch. Constantin avec *Dans la forêt ;* M. Deslandres, avec *Dimanche et lundi...* Ensuite devaient venir trois actes de M. Danhauser, un acte de M. Puget, et *Don Mucarade,* de M. E. Boulanger, qui a été joué depuis à l'Opéra-Comique.

Si le public avait voulu soutenir M. Ruelle et partager ses généreuses illusions lorsqu'il avait entrepris de tirer au clair toute la musique contemporaine, la race pullulante des compositeurs inédits serait aujourd'hui éteinte.

*
* *

Mais nous avons vu que si le Théâtre-Lyrique tombe quelquefois en prostration, il ne meurt jamais, et qu'on est toujours sûr de le voir réapparaître dans quelque coin de Paris, au moment où l'on s'y attend le moins.

Donc, en janvier 1873, M. Bagier, directeur du Théâtre-Italien, essaya de donner des représentations françaises dans la salle Ventadour, où elles devaient alterner avec les représentations italiennes.

Il y eut un commencement d'exécution : le *Freyschutz* fut chanté par Jourdan et Giraudet ; Mlles Reboux et Sablairolles. Le répertoire qui devait suivre était en partie celui du Théâtre-Lyrique.

Mais la combinaison ne réussit pas. Elle avait déjà été tentée en 1868, sur les mêmes planches, et d'ailleurs avec le même insuccès.

Les Parisiens sont gens d'habitude, et l'on dirait qu'ils se sentent déroutés lorsqu'ils comprennent les paroles des opéras qu'on leur chante à Ventadour.

*
* *

Voici maintenant « l'Opéra-Populaire » (en bon français le Théâtre-

Lyrique) qui fait son ouverture, au' mois de novembre 1874, dans, la salle du Châtelet, située vis-à-vis des ruines de la salle incendiée en 1871.

On y donne, avec un grand déploiement de décors et de figuration, *le Paria*, de M. Membrée, chanté par Prunet, Petit, et Mme Furchs-Madier.

Pour les lendemains, la reprise des *Amours du Diable*, de Grisar, avec Nicot et Mlle Reboux.

Mais avant un mois écoulé, le drame et la féerie reprirent possession de leur domaine ordinaire.

*
* *

Enfin notre vaillant et très-vivace Théâtre-Lyrique vient de s'installer, avec 200,000 francs de subvention, dans la salle de la Gaîté, au square des Arts-et-Métiers.

C'est sa cinquième résurrection, depuis cinq ans. Et cette fois, comme ce n'est pas la coutume constante, il est aux mains d'un directeur sachant lire et écrire la musique et qui, par tradition de famille, s'entend à la triture des affaires théâtrales.

M. Albert Vizentini, titulaire du nouveau privilége, est lauréat du Conservatoire de Bruxelles pour le violon et la composition ; il a été violon solo aux Bouffes-Parisiens et au Théâtre-Lyrique ; il a conduit l'orchestre des théâtres d'Anvers, de la Porte-Saint-Martin et de la Gaîté. De plus il a collaboré, comme écrivain, à l'*Art musical,* au *Charivari,* au *Journal amusant,* au *Grand Journal*..., et on lui doit encore un volume de révélations sur la vie des coulisses, intitulé : *Derrière la toile.*

Il y avait déjà, comme on pourrait dire, de la graine de musique dans le théâtre de la Gaîté quand M. Albert Vizentini en était le chef d'orchestre et l'administrateur général. Mais depuis qu'il en a pris la direction, en juillet 1875, il n'a cessé de développer ces germes, pour arriver jusqu'à la floraison et faire prospérer l'opéra sur le terrain de la féerie-opérette.

Ce qui manquait le plus à la Gaîté lors de sa transformation, c'était une troupe de sujets chantants. Aujourd'hui l'on peut lire sur les affiches du Théâtre-Lyrique les noms de Capoul, Duchesne, Michot, Bouhy, Melchisédec, Petit, Sotto..., de mesdames Sasse, Marimon, Engally, Dalti, Singelée, Girard, etc.....

Ainsi entouré, et ayant sous la main un orchestre, des chœurs et un corps de ballet nombreux ; disposant d'une salle spacieuse et sonore ; possédant un matériel de scène très-varié, M. Albert Vizentini fut en état d'ouvrir son nouveau théâtre le 5 mai 1876.

Cependant, pour faire droit à un caprice de son propriétaire, qui est la Ville de Paris, il dut écrire sur sa porte ce pléonasme, en belles lettres de feu : *Opéra-National-Lyrique.*

Le soir de l'inauguration on donna *Dimitri*, grand opéra de M. V. Joncières ; puis vinrent coup sur coup : *Obéron ; le Sourd ; le Magnifique ; Giralda ; les Troqueurs ; les Charmeurs ; les Erynies ; le Maître de chapelle ; Une heure de mariage ; les Rendez-vous bourgeois ; le Bouffe et le Tailleur ; le Tableau parlant, Paul et Virginie,* etc.

Et sur le programme d'un avenir prochain sont encore inscrits, à côté des noms des compositeurs vivants, ceux de Gluck, de Mozart, de Monsigny, de Grétry, de Méhul, de Boieldieu, d'Hérold, de Rossini, de Bellini, de Donizetti, de Verdi, d'Auber, d'Adolphe Adam, d'Halévy, de Félicien David, etc.

Autant dire le panthéon des musiciens.

**

L'Opéra est l'expression encore vivante du xviie siècle, pompeux et emphatique, qui l'a vu naître.

Le xviiie siècle, plus détendu, de mœurs plus faciles et plus souriantes, se dénonce dans sa création de l'Opéra-Comique.

Quant au Théâtre-Lyrique, véritable laboratoire de la musique, il est bien à l'image de notre époque de travail ardent et d'investigation inquiète; c'est un champ d'expériences ouvert aux chercheurs, à la fois un champ clos où se mesurent les adeptes de toutes les écoles.

FIN

TABLE

N. B. — Les caractères italiques indiquent les opéras empruntés par le Théâtre-Lyrique à d'autres scènes, françaises ou étrangères.

TABLE ALPHABÉTIQUE

q

DU MÊME AUTEUR

Histoire des Bouffes-Parisiens (Souvenirs, anecdotes, répertoire, statistique, etc.). — Librairie Nouvelle, 1904; in-32.

La Musique à Paris (Théâtres, Concerts, Institut, Conservatoire, littérature musicale, statistique, anecdotes, etc...). En collaboration avec M. E. Thoinan. — Morizot, 1863; in-18.

Meyerbeer (Sa biographie et le catalogue de ses œuvres). — Dentu, 1864; petit in-16.

L'Hôtel des Haricots, maison d'arrêt de la garde nationale (Histoire anecdotique avec 70 dessins, par E. Morin, d'après les originaux de Ciceri, Decamps, Devéria, Daumier, Millet, Nanteuil, Traviès, Yvon, etc...). — Dentu, 1864; in 16.

Dictionnaire de la musique appliquée à l'amour (Édition Pompadour, avec un frontispice à la sanguine par E. Morin). — A. Lacroix, 1868; in-18.

La Musique pendant le siége de Paris (Édition elzevirienne). — E. Lachaud, 1872; in-18.

Les Treize salles de l'Opéra (Histoire anecdotique de l'Opéra à l'usage des gens du monde, depuis sa fondation en 1659, jusqu'à l'inauguration de sa salle du boulevard des Capucines). — Sartorius, 1875; in-18.

————— •

Vingt-cinq exemplaires du Mémorial du Théâtre-Lyrique *ont été tirés sur papier de Hollande.*

6-3891 Paris, imp. Morris père et fils, rue Amelot, 64.

MORRIS PERE & FILS IMPRIMEURS PARIS